新编地方人大
换届选举操作指南

【第三版】

根据2020年修正的选举法修订

主编：许安标

中国法制出版社
CHINA LEGAL PUBLISHING HOUSE

前　言

根据我国宪法关于地方各级人民代表大会每届任期5年的规定，自2021年下半年开始，全国县乡两级人大将陆续换届。全国将有9亿多选民参加这次县乡人大换届选举，直接选举产生县乡两级人大代表，并在此基础上依法产生新一届县乡两级国家机关。县乡两级人大换届选举工作是全国人民政治生活中的一件大事，是社会主义民主政治建设的重要实践。做好县乡两级人大换届选举工作，对于巩固党的领导地位，保障人民当家作主，加强国家基层政权建设，推动经济社会高质量发展，具有十分重要的意义。

2020年10月，全国人大常委会对《中华人民共和国全国人民代表大会和地方各级人民代表大会选举法》作了修改。这是现行选举法的第七次修改。这次修改的内容与以往相比不多，但意义重大。一是根据党中央2019年1月印发的《中共中央关于加强党的政治建设的意见》的精神，在选举法中明确规定坚持党的领导，增加一条，规定坚持党对选举工作的领导。二是贯彻落实党的十九届四中全会决定提出的“适当增加基层人大代表数量”的要求，将县级人大代表名额基数增加20名，从120名提高至140名；将乡镇人大代表名额基数增加5名，从40名提高至45名。同时，对县级人大代表总名额达到上限所对应的人口数作相应调整。三是规定了重新确定代表名额后的报备程序。四是与监察法、公职人员政务处分法、公务员法的有关规定做好衔接，将政务处分作为对破坏选举行为追究法律责任的形式之一。

为了便于选民了解参加选举的程序，也为了便于从事选举工作的同志学习把握新修改选举法的基本精神和主要内容，做好换届选举的各项工作，应中国法制出版社之邀，参与选举法修改工作的有关同志结合选举法的基本精神和条文内容，以及我国选举的实践经验，编写了本书。完稿后由许安标同志审定。

由于时间仓促，水平有限，书中难免有不妥之处，恳请读者批评指正。

编者

2021 年 5 月

目　录

第二章　选举机构 // 031

第三章　代表名额的确定与分配 // 035

第四章　各少数民族的选举 // 042

第五章　选区划分与选民登记 // 048

第六章　代表候选人的提出 // 064

第七章　选举程序 // 079

第八章　代表的权利和义务 // 096

第九章　代表执行职务的保障 // 110

第十章 对代表的监督和罢免、辞职、补选 // 129

第十一章 国家机关领导人员的选举、罢免、辞职和补选 // 149

第十二章 对破坏选举的制裁 // 155

附 录 // 164

第一章 选举制度与选举法基本知识

1. 关于选举制度的含义

选举的字面含义为选择和推举，但选举作为一种社会现象，从广义上说，是指一定的社会成员根据自己的意愿，按照一定的程序和方法选拔、推举代表或者主要负责人的活动。例如，政党、社会团体、企事业组织等，都采用选举的方式产生自己的领导机构和领导人。从狭义上说，选举仅指选民或代表根据自己的意志，按照法律规定的原则、程序和方式，选出国家代表、民意机关代表和国家机关组成人员的行为。按照不同的标准，选举可以有不同的分类。依选举对象来划分，有国家元首的选举、议会成员的选举、政府首脑的选举和其他一些国家公职人员的选举；依程序阶段划分，有预选、正式选举和补选；依所涉及的范围划分，有全国性选举和地方性选举；依选举的方式划分，有直接选举和间接选举。

选举制度属于国家制度，是国家政治制度的重要组成部分，是民主制度的基础环节，是由一系列与选举原则、选举程序、选举方法相关的法律规范，共同构成的各种具体制度的整体。选举制度也有广义和狭义之分，广义的选举制度既包括选举国家权力机关（民意代表机关、议会等）的原则、程序和方式，又包括选举其他国家机关（行政机关、监察机关、审判机关、检察机关）领导人员的原则、程序和方式；

狭义的选举制度仅指选举国家权力机关（民意代表机关、议会等）的原则和程序。我国的选举法全称是《中华人民共和国全国人民代表大会和地方各级人民代表大会选举法》，其关于选举制度的规定是狭义的，即调整范围只包括全国和地方各级人大代表的选举。

人类历史上，代表人的产生办法有多种，如世袭、任命、抽签、决斗、考试、依资格递补和选举等。选举作为一种社会行为，其历史可以追溯到原始社会。例如，传说中国古代尧、舜、禹之间的传位，就是经过部落联盟会议的推举后，又通过上一任部落首领的考察最终确定人选的。美国著名人类学家摩尔根，在其《古代社会》一书中也指出，美洲在原始社会时期，部落的首领也是要通过选举的形式产生。选举作为一种国家政治制度，最早产生于古希腊等城邦国家。古希腊的雅典共和国是当时实行共和制的典型，建国初期由居于统治地位的氏族贵族组成贵族会议，再由贵族会议从贵族中选举九名执政官执政。世界范围内的近代选举制度是在资产阶级革命取得胜利后建立的。资产阶级标榜“人民主权”，公民作为权利主体通过选举产生代表，组织议会和政府。英国是资产阶级产生、革命并夺取政权最早的国家，所以资产阶级的选举制度首先在英国产生，随后在美国和法国出现，以后随着资产阶级革命在世界范围内的扩展而逐步应用于资本主义各国。社会主义的选举制度是与社会主义的人民代表制度紧密联系的，它首先出现于 1871 年法国“巴黎革命”后，通过选举建立了巴黎公社委员会。1917 年“十月革命”，俄国无产阶级夺取了政权，建立了社会主义的苏维埃共和国，实行社会主义的选举制度。

我国的民主选举制度，早在革命根据地时期就已经产生。1931 年 11 月，中华苏维埃在江西革命根据地公布了《中华苏维埃共和国选举细则》，1933 年 8 月公布了《苏维埃暂行选举法》。抗日战争时期，我党根据当时形势和阶级关系，对选举制度作了重大修改，在中国选举史上第一次明确提出采用“普遍、直接、平等、无记名投票”的原则。

新中国成立后，我国的选举制度经历了一个不断完善的过程。1953 年，为召开第一届全国人民代表大会，中央人民政府委员会颁布了第一部选举法，标志着我国社会主义选举制度的正式确立。1978 年 12 月，中国共产党召开了十一届三中全会，提出发展社会主义民主，健全社会主义法制这一伟大任务。1979 年 7 月，五届全国人大二次会议重新制定并颁布了选举法。新选举法在继承和坚持 1953 年选举法基本原则和基本制度的同时，根据新时期的实际情况，对我国选举制度作了一系列改革和发展。随着社会主义民主和法制建设的不断深入，我国于 1982 年、1986 年、1995 年、2004 年、2010 年、2015 年、2020 年又对选举法进行了七次修改完善。我国的选举制度在内容、形式、程序上日趋完善，符合我国改革开放以来各个发展阶段的实际情况，逐步形成了一整套有利于发展社会主义民主的，有利于发挥人大制度作用的，奠定全过程民主重要基础的选举法律制度。

2. 我国选举法的适用范围

与选举制度分为广义和狭义相联系，选举法也有广义和狭义之分。广义的选举法包括有关选举产生国家政权机关的所有法律规范。从广义上讲，我国现行的选举法渊源包括：宪法、全国人大和地方各级人大选举法（一般简称为选举法）、地方各级人大和政府组织法（一般简称为地方组织法）、全国人大组织法、监察法、人民法院组织法、人民检察院组织法、解放军选举人大代表办法、全国人大议事规则，以及全国人大常委会颁布的一系列有关选举的决议决定，各省、自治区、直辖市人大常委会依法制定的选举法实施细则等。这些法律、决定、决议、法规，对我国国家主席和副主席、各级国家权力机关、行政机关、国家最高军事机关、民族自治机关、监察机关、审判机关、检察机关的产生原则、程序和办法等，作出一系列的具体规定和解释，从而形成了一套系统的选举法律制度。狭义的选举法仅指选举产生国家权力机关的法律规范。

在我国，通常所说的选举法是指选举各级人大代表的选举法，即全国人大制定通过的《中华人民共和国全国人民代表大会和地方各级人民代表大会选举法》，其适用范围包括：全国人大和地方各级（省、自治区、直辖市；设区的市、自治州；不设区的市、市辖区、县、自治县；乡、民族乡、镇）人大代表的选举。对于有关国家权力机关组成人员即人大代表的选举来说，选举法具有法律强制性。整个选举过程中，如果违反了选举法的各项规定，情节严重的，有关责任人要承担相应的法律责任。其他国家机关领导人员和组成人员的选举（任免），由宪法、全国人大组织法、地方组织法规定。除全国人民代表大会和地方各级人民代表大会选举法外，我国还存在一些其他形式的选举法律规范，如 1983 年全国人大常委会制定公布的《关于县级以下人民代表大会代表直接选举的若干规定》等，这些选举法律规范对于规范我国的选举活动也起着十分重要的作用。

3. 我国选举法的制定依据

宪法是我国选举法制定的依据。宪法作为国家的根本法，在中国特色社会主义法律体系中起着统领作用，是一切法律制定的依据和基础，任何法律都不得违反宪法的规定、原则和精神，不得与之相抵触。选举法是规定国家选举制度的基本原则和组织程序的法律，是国家的基本法律，它也必须依据宪法规定的有关选举的基本原则制定。

我国现行宪法中直接涉及全国人大和地方各级人大代表选举以及与之相关的规定有八条：（1）第三十四条，"中华人民共和国年满十八周岁的公民，不分民族、种族、性别、职业、家庭出身、宗教信仰、教育程度、财产状况、居住期限，都有选举权和被选举权；但是依照法律被剥夺政治权利的人除外"；（2）第五十九条，"全国人民代表大会由省、自治区、直辖市、特别行政区和军队选出的代表组成。各少数民族都应当有适当名额的代表。全国人民代表大会代表的选举由全国人民代表大会常务委员会主持。全国人民代表大会代表名额和代表产生办法由法律规定”;（3）第七十七条，“全国人民代表大会代表受原选举单位的监督。原选举单位有权依照法律规定的程序罢免本单位选出的代表”;（4）第九十七条，“省、直辖市、设区的市的人民代表大会代表由下一级的人民代表大会选举；县、不设区的市、市辖区、乡、民族乡、镇的人民代表大会代表由选民直接选举。地方各级人民代表大会代表名额和代表产生办法由法律规定”；（5）第一百零二条，“省、直辖市、设区的市的人民代表大会代表受原选举单位的监督；县、不设区的市、市辖区、乡、民族乡、镇的人民代表大会代表受选民的监督。地方各级人民代表大会代表的选举单位和选民有权依照法律规定的程序罢免由他们选出的代表”;（6）第一百零四条，“县级以上的地方各级人民代表大会常务委员会……在本级人民代表大会闭会期间，罢免和补选上一级人民代表大会的个别代表”;（7）第一百一十三条，“自治区、自治州、自治县的人民代表大会中，除实行区域自治的民族的代表外，其他居住在本行政区域内的民族也应当有适当名额的代表……”；（8）第一百一十五条，“自治区、自治州、自治县的自治机关行使宪法第三章第五节规定的地方国家机关的职权……”。

宪法作为选举法的制定依据，不但规范选举法的制定，还规范选举法的修改。第一，如果宪法进行修改，其内容涉及选举法的有关规定，选举法就必须及时作出相应的修改。例如，我国 1982 年选举法的修改，就是在新宪法颁布以后及时进行的，当时正是由于原选举法中有些条文与新宪法的规定不相符合，于是根据宪法的有关规定，对选举法进行了相应修改。如将“人民公社”改为“乡、民族乡”，“人民公社管理委员会”改为“乡、民族乡人民政府”；同时也对归侨、少数民族选举的有关问题以及代表资格自行终止和补选问题增加了规定，体现了选举法以宪法为依据的精神。第二，选举法的有关条文在宪法中有明确规定，选举法的有关条文在修改前，需要先修改宪法。例如，在1995年修改选举法时，有意见提出，随着民主法制不断健全发展，一些经济发展较快的地区，人民群众的民主意识和参与国家政治生活的要求日渐提高，建议在一些设区的市试行选民直接选举市人大代表。这个问题就涉及宪法的规定。宪法明确规定选举设区的市的人大代表采取间接选举的方式进行。在宪法这一规定尚未修改前，选举法中的这一制度也不可以修改。

4. 我国选举制度的确立

我国的民主选举制度，早在革命根据地时期就已经产生。1931年11月，中华苏维埃在江西革命根据地公布了《中华苏维埃共和国选举细则》，1933年8月公布了《苏维埃暂行选举法》。抗日战争时期，我党根据当时形势和阶级关系，对选举制度作了重大修改，在中国选举史上第一次明确提出采用“普遍、直接、平等、无记名投票”的原则。

新中国成立后，我国的选举制度经历了一个从无到有、不断完善的过程。1953年2月，中央人民政府委员会制定了《中华人民共和国全国人民代表大会及地方各级人民代表大会选举法》，确立了普遍、平等、直接选举与间接选举相结合的人大代表选举原则，内容包括全国和地方各级人大代表名额的确定与分配、少数民族的选举、选举委员会、选民登记、选区划分、代表候选人的提出、选举程序以及对破坏选举的制裁等。1953年选举法颁布后，在全国范围内进行了中国历史上第一次规模空前的普选，在此基础上自下而上逐级建立了人民代表大会，召开了各级人民代表大会会议，产生了地方各级国家政权机关，也为全国人民代表大会的成立奠定了法律基础和组织基础。1953年第一部选举法的颁布实施，标志着我国社会主义选举制度的正式确立。

1978年12月，党的十一届三中全会召开，全会提出发展社会主义民主，健全社会主义法制的伟大任务。1979 年 7 月，五届全国人大二次会议修订颁布了选举法。它在继承和坚持 1953 年选举法基本原则和基本制度的同时，根据新时期的实际情况，对我国选举制度作了一系列改革和发展。主要内容有：（1）扩大直接选举的范围。把直接选举的范围从乡（镇）、市辖区、不设区的市，扩大到县、自治县。由于当时的县、自治县是县级行政区划的主体，规定县、自治县的人大代表由选民直接选举产生，是直接选举范围的重大扩展。在一个县的范围内，群众对于本县国家机关和国家工作人员的情况是比较熟悉和了解的，实行直接选举不仅可以比较容易地保证民主选举，而且便于人民群众对县级国家机关和国家机关工作人员进行有效的监督。（2）实行差额选举。将原来人大代表选举中采用的等额选举制，修改为实行代表候选人人数多于应选代表名额的差额选举制。由选民直接选举的代表候选人人数，应多于应选代表名额的二分之一至一倍，由间接选举的代表候选人人数，应多于应选代表名额的五分之一至二分之一。（3）改进推荐代表候选人和确定代表候选人的办法。将原来的由中国共产党、各民主党派、各人民团体和不属于上述各党派、团体的选民或者代表联合或者单独提出候选人的做法，改为各政党、人民团体或者选民、代表附议，都可以提出候选人，扩大选民或者代表联名提出候选人的权利。代表候选人提出之后，实行自下而上、自上而下、充分民主地酝酿确定候选人的办法。无论选民或者代表依法联名提出的候选人，还是政党、人民团体或者主席团提出的候选人，都必须提交选民或者代表反复酝酿讨论、民主协商，直至在必要时举行预选确定正式候选人。同时，增加了有助于选民了解代表候选人的规定，推荐候选人的政党、团体和选民应当向选举委员会介绍候选人的情况。（4）实行无记名投票。规定投票选举代表，一律采用无记名投票方式，取消举手表决方式，允许选举委员会认可的委托投票。

5. 我国选举制度的发展完善和选举法的修改

随着经济社会发展，社会主义民主和法制建设不断健全，我国于1982年、1986年、1995年、2004年、2010年、2015年和2020年又对选举法进行了七次修改完善。

1982年12月，根据新宪法的规定，五届全国人大五次会议对选举法进行了一些必要修改，主要内容有：（1）对特殊情况下农村与城镇每一代表所代表的人口数的比例作了规定，即对人口特多的镇，或者企事业组织职工人数在总人口中所占比例较大的县，经省级人大常委会决定，农村每一代表所代表的人口数同镇或者企事业组织职工每一代表所代表人口数之比可以小于四比一直至一比一。（2）对介绍代表候选人的方式作了明确要求，推荐代表候选人的政党、团体或者选民，在选民小组会上介绍所推荐的代表候选人。（3）对直接选举中未选满应选代表名额而举行的另行选举，降低了候选人的当选票数。由原来的必须获得过半数的选票才能当选，修改为超过选票的三分之一即可当选。（4）规定全国人大中和归侨人数较多地区的地方人大中，应当有适当名额的归侨代表。（5）对聚居的人数较少的少数民族每一代表所代表的人口数给予照顾，规定人口特少的民族在当地的人大中至少应有代表一人。（6）规定地方各级人大代表在任期内调离或者迁出本行政区域的，其代表资格自行终止，缺额另行补选。为了便于选举法的实施，1983年3月，五届全国人大常委会第二十六次会议通过《关于县级以下人民代表大会代表直接选举的若干规定》，对直接选举中的具体问题作了补充规定。

1986年12月，六届全国人大常委会第十八次会议，根据改革开放以来代表选举和人大工作的实践经验和实际需要，对选举法进行了第二次修改，重点是完善选举程序和进一步推进民主选举，发展了选举制度。主要内容有：（1）减少全国人大代表名额。在法律规定上将全国人大代表的名额限定在3000人以内。（2）简化选民登记手续。选民登记按选区进行，经登记确认的选民资格长期有效。每次选举前对上次选民登记以后新满18周岁的、被剥夺政治权利期满后恢复政治权利的选民，予以登记；对选民迁出原选区的，列入新迁入的选区的选民名单；对死亡和依法被剥夺政治权利的人，从选民名单上除名。（3）完善选民或者代表提名推荐代表候选人制度。将原来的3人以上选民或者代表可以联名推荐代表候选人修改为10人以上。明确规定由选民直接选举的代表候选人应多于应选代表名额的三分之一至一倍。除选举委员会要介绍代表候选人外，同时增加大会主席团要介绍代表候选人。（4）完善少数民族的选举。明确聚居境内同一少数民族的总人口数占境内总人口数的15%以上，不足30%的，每一代表所代表的人口数可以适当少于当地人民代表大会每一代表所代表的人口数。（5）对华侨回国期间参加选举作出规定。可以参加原籍地或者出国前居住地的选举。（6）限定委托投票的人数。规定每一选民接受其他选民委托代为投票不得超过3人。（7）降低当选票数。将直接选举时代表候选人获得全体选民过半数的选票始得当选，修改为获得参加选举的选民过半数的选票可当选。但间接选举仍然要获得全体代表过半数选票才能当选。（8）强化县、乡选举的领导工作。将县、乡级选举委员会由同级政府领导改为由县级人大常委会领导，并规定省、自治区、直辖市、设区的市、自治州的人大常委会指导本行政区域内县级以下人大代表的选举工作。（9）对代表辞职、补选和罢免的具体程序进行完善。

1995年2月，八届全国人大常委会第十二次会议对选举法进行了第三次修改。主要内容有：（1）对地方各级人大代表名额的确定办法作了统一规定。改变原来实行的由省级人大常委会自行决定地方人大代表具体名额的办法。分别具体规定了省级人大、设区的市级人大、县级人大、乡级人大代表的名额基数和每增加一个代表名额所需的人口数，并且明确代表名额一经确定，不再变动。（2）缩小农村与城市每一代表所代表的人口比例，对于选举省级人大代表和全国人大代表，将原先的农村与城市每一代表所代表的人口数由五比一、八比一,一律改为四比一，以更好地体现我国经济社会发展的实际情况。（3）确定了选区划分原则。按照便于选民行使选举权利和体现选举平等的原则，规定直接选举时选区的大小按每一选区应选代表1—3名划分；选举同一县乡人大代表的城镇各选区、农村各选区，其人口数应当大体相等。（4）简化了选举程序。考虑到县乡任期不同步，直接选举的次数增多，换届选举工作量增加的情况，在已有选举工作经验的基础上，适当简化了选举程序。如把公布选民名单的时间从提前30日改为提前20日，公布代表候选人名单从提前20日改为提前15日，并规定乡级选举委员会受县级人大常委会领导。（5）完善间接选举中确定正式代表候选人的具体方式，规定了预选程序。同时增加规定，酝酿被提名的代表候选人的时间不得少于两天。（6）对代表辞职、罢免的具体程序进行完善。

2004年10月，十届全国人大常委会第十二次会议对选举法进行了第四次修改。主要内容有：（1）完善直接选举确定正式代表候选人的方式，增加预选程序：如果所提代表候选人人数过多，经选民小组反复讨论、协商，仍不能对正式候选人形成一致意见的，可以进行预选。（2）改进介绍代表候选人的方式。增加规定选举委员会可以组织代表候选人与选民见面，回答选民的问题。（3）将提出罢免县、乡两级人大代表的联名人数作适当区分。对县级人大代表，50人以上可以联名提出罢免要求；对乡级人大代表，30人以上可以联名提出罢免要求，适当降低罢免乡级人大代表的门槛。（4）完善对破坏选举的制裁。在行政处分和依法追究刑事责任的基础上，还增加了治安管理处罚的规定。

2010年3月，十一届全国人大三次会议对选举法进行了第五次修改。这次修改的重点是落实党的十七大提出的实行城乡按相同人口比例选举人大代表，同时对其他认识一致、条件成熟的问题，也一并作了修改。主要有:（1）对人大代表的广泛性进一步作出规定。全国人大和地方各级人大代表应当具有广泛的代表性，应当有适当数量的基层代表，特别是工人、农民和知识分子代表。（2）完善选举机构。增加“选举机构”一章，对选举委员会产生和职责一并作出规定。（3）提高乡镇人大代表名额的上限。将选举法关于乡、民族乡、镇的代表总名额不得超过130名的规定，修改为不得超过160名。（4）完善代表候选人的提名和介绍制度。（5）规范直接选举中投票选举程序的组织。选举委员会应当根据各选区选民分布状况，按照方便选民投票的原则设立投票站，进行选举。选民居住比较集中的，可以召开选举大会，进行选举;因患有疾病等原因行动不便或者居住分散并且交通不便的选民，可以在流动票箱投票。（6）补充接受代表辞职的程序。对于间接选举的人大代表，常委会接受辞职，须经常委会组成人员的过半数通过。接受辞职的决议，须报上一级人大常委会备案、公告。对于县级人大代表，县级人大常委会接受辞职，须经常委会组成人员的过半数通过。对于乡级的人大代表，乡级的人大接受辞职，须经人大过半数的代表通过。接受辞职的，应当予以公告。此外，还就选举经费列入财政预算，对选民名单提出申诉的时间期限，选举时应当设有秘密写票处，代表候选人的近亲属不得担任监票人、计票人，选民接受委托代为投票应当尊重委托人的意愿，公民不得同时担任两个以上无隶属关系的行政区域的人民代表大会代表等内容作了补充完善。

2015年8月，十二届全国人大常委会第十六次会议对选举法进行了第六次修改。修改的主要内容包括:（1）增加了选举不受境外干涉的规定，公民参加各级人民代表大会代表的选举，不得直接或者间接接受境外机构、组织、个人提供的与选举有关的任何形式的资助。违反前款规定的，不列入代表候选人名单;已经列入代表候选人名单的，从名单中除名;已经当选的，其当选无效。（2）根据全国人大组织法等法律的相关规定，进一步补充和完善代表资格审查委员会的职责和审查。

（3）完善当选代表名单公布机制，当选代表名单由选举委员会或者人民代表大会主席团予以公布。

2020年10月，十三届全国人大常委会第二十二次会议对选举法进行了第七次修改。党的十九届四中全会决定提出，健全人大选举制度，适当增加基层人大代表数量。这次修改，主要是为贯彻落实党中央的部署要求，针对各地基层行政区划撤乡并镇改设街道、基层人大代表数量逐届减少的实际情况，对选举法有关条文进行适当修改。（1）增加规定党对选举工作的领导。（2）适当增加县乡两级人大代表数量，将不设区的市、市辖区、县、自治县的人大代表名额基数增加20名（从120名提高到140名），将乡、民族乡、镇的人大代表名额基数增加5名（从40名提高至45名）。（3）完善重新确定代表名额的报备程序，规定重新确定代表名额的，省、自治区、直辖市的人大常委会应当在30日内将重新确定代表名额的情况报全国人大常委会备案。（4）为深刻汲取查处湖南衡阳、辽宁贿选案的经验教训，并与监察法、公职人员政务处分法、公务员法的有关规定做好衔接，规定国家工作人员有破坏选举行为的，还应当由监察机关给予政务处分或者由所在机关、单位给予处分。

改革开放40多年来，为适应我国民主政治建设和人民代表大会制度建设的需要，通过多次修改选举法，制定和完善具体规定，人大选举制度更加民主、科学、有效，选举程序和选举办法更加简便、易行、规范，逐步形成了一套适合我国国情、具有鲜明中国特色的社会主义选举制度。

6. 选举权与被选举权的内涵

选举权是指公民依照法律规定享有选举国家代表机关的代表或者其他国家机关组成人员的权利。被选举权是指公民依照法律规定享有被提名推荐为国家代表机关的代表或者其他国家机关组成人员的候选人，并当选为代表或者其他国家机关组成人员的权利。

选举权和被选举权是公民的一项基本政治权利，我国宪法将公民的选举权和被选举权列在公民基本权利的首位，它是公民参与国家管理的必要前提和有效途径。在我国，选举权和被选举权是统一的，即凡有选举权的公民，必然同时享有被选举权。因此，我们通常说选举权的时候，一般把选举权和被选举权都包括在内了。而在有些国家，选举权与被选举权是分开的。它们对被选举权规定了更高的资格限制，所以享有被选举权的公民必然享有选举权，但享有选举权的公民未必都享有被选举权。

7. 选民的含义及资格条件

选民是根据法律的规定，享有选举权和被选举权并被列入选民名单的公民。任何国家的选民都必须具备一定的资格条件，选举权一般只给予那些在国籍、年龄、住所等方面符合该国宪法或选举法规定的公民。但在不同的国家，法律上确认享有选举权或被选举权的选民要求是不同的。如法国选举法第二条规定：凡年满 18 周岁、享有公民权利和政治权利且不属法定无行为能力的法国妇女和男子均为选民。我国的选民是指具有中华人民共和国国籍的年满 18 周岁的有选举权和被选举权的公民。

在我国，“选民”和“公民”是两个不同的概念。公民是指具有中华人民共和国国籍的人。根据选举法的规定，选民一定是公民，但公民却不一定是选民。有一部分公民不能成为选民：（1）依法被剥夺政治权利的公民；（2）虽然享有政治权利，但没有经过法定的选民登记程序，没有取得选民证的公民，如未满 18 周岁的公民。

“选民”和“人民”也是两个相近而又有所不同的概念。在我国，人民是一个政治概念，是相对于敌人而言的。在不同的历史时期，人民的内涵也往往不同。现阶段，人民的范畴包括全体社会主义劳动者、社会主义事业的建设者、拥护社会主义的爱国者、拥护祖国统一和致力于中华民族伟大复兴的爱国者。

8. 选举基本原则的主要内容

选举原则，即选举制度的基本原则，是选举活动所实行的基本准则，是选举制度的重要组成部分，也是设计其他各项具体制度的依据。选举原则反映的是选举制度的本质及其内涵，对选举制度的具体实施，具有相应的指示作用。

由于不同国家的具体国情，选举原则在各国的具体实践形式也不完全一致。当代西方国家选举制度的基本原则，通常被归纳为普遍、平等、直接和秘密四项。这些原则是选举制度在西方国家经历长期发展后逐渐形成的，不同国家在这些原则形成和发展中经历的过程不完全一样。但大体来看，美欧等西方国家通常都经历了这样一些发展阶段：第一阶段，资产阶级革命胜利前和胜利初，通常都经历过等级选举制阶段，即以某种社会等级和身份作为取得公民资格，拥有选举权的条件。第二阶段，随着资产阶级革命的扩大，等级选举制被纳税选举制取代，投票规则日益标准化，以一定财产和收入作为允许公民获得选举权的标准。但存在公民拥有投票权数量上的不平等。第三阶段，随着纳税标准降低，选举权逐步扩大，但仍然维持复数投票制（即一人拥有多个投票权）和选举代表的票数比例不同（即产生一名代表所需的选民数不同），实质上的不平等仍然存在。第四阶段，成年男子选民的普选权实现，对达到法定年龄的成年男性公民，废除了各种社会和经济标准。投票权形式上的不平等被废除。第五阶段，真正普选权的实现，选举权扩及成年女性公民，并降低了年龄标准。实际上，直到 20 世纪 70 年代，少数国家的妇女投票权才真正实现。

根据宪法和选举法，我国的选举原则不仅体现了社会主义民主，而且符合我国当前的实际情况，具有中国特色。具体而言，我国的选举原则包括，选举权的普遍原则、选举权的平等原则、直接选举和间接选举并用原则、差额选举原则、无记名投票原则、选举权利保障原则。

9. 选举权的普遍原则

选举权的普遍原则是指一个国家内享有选举权的公民的广泛程度，即公民取得选举权的条件只要求为拥有本国国籍、已经成年、享有政治权利，除此以外，没有其他任何限制。选举权普遍原则的对称是选举权的限制原则。限制选举权是指取得选举权的条件要求多于普遍选举权原则，除必须为本国公民、已经成年、享有政治权利三个条件外，还有民族、种族、性别、财产状况、教育程度、有无住所、居住期限等限制。

在各种限制条件中，有关财产的限制规定最为突出。英国资产阶级革命后于1711年制定的法律就规定：下院议员需有很高的财产资格，郡议员必须每年土地收入在600英镑以上，市镇议员在300英镑以上，选民必须是纳税人。当时英国拥有选举权的公民仅占成年男性公民总数的5%。法国1791年宪法将公民分为积极公民和消极公民，只有缴纳土地税和人头税的积极公民才有选举权。在日本，纳税长期作为选举必备资格之一，1889年规定的纳税额为15日元，1900年降为10日元，1919年为3日元，直至1925年才取消。20世纪60年代，一般国家对财产资格已不作限制，但美国有些州仍规定公民必须缴纳人头税才能参加投票，如亚拉巴马州定为每年15美元，往年欠税未清者只有补足后才能投票。直至1964年美国才通过第二十四条宪法修正案，取消了缴纳人头税的规定。

性别限制也是历史上限制选举权的主要表现形式之一。选举制度确立后的相当长时期里，妇女并不享有任何选举权利，直到19世纪末，一些欧洲移民建立的国家和地区才开始给予妇女以选举权利。1890年，美国怀俄明州首次实现妇女普选权。1918年，英国妇女获得有限制的投票权，1928年才获得同男子同等的完全投票权。美国于1920年给予妇女投票权。欧洲大陆各国妇女获得选举权的时间则较晚：法国、意大利、比利时等国直到第二次世界大战结束后，才承认妇女在政治上的公民地位。欧洲最后给予妇女以选举权的国家是瑞士，时间是20世纪70年代。

种族限制是另一限制选举权的表现。美国在建国初期，各州曾普遍规定只有拥有一定财产或纳税的白人成年男子才享有选举权利。1870年，美国通过第十五条宪法修正案，规定不得因种族、肤色或曾为奴隶而拒绝或剥夺公民的选举权。然而，由于黑人中的大多数都处于贫困和缺乏教育的状况，有些州通过规定选民必须缴纳数额较大的人头税，或必须通过规定的文化测验，才能参加投票，使相当多的黑人选民失去了投票的权利。1964年美国通过第二十四条宪法修正案取消了人头税，1970年通过民权法废除了文化测验。

我国宪法规定，我国是人民民主专政的社会主义国家，国家的一切权力属于人民。人民依照法律规定，通过各种途径和形式，管理国家事务，管理经济和文化事业，管理社会事务。上述规定从根本上决定了我国人民必然享有广泛的选举权。宪法第三十四条和选举法第四条规定，中华人民共和国年满18周岁的公民，不分民族、种族、性别、职业、家庭出身、宗教信仰、教育程度、财产状况、居住期限，都有选举权和被选举权。依照法律被剥夺政治权利的人没有选举权和被选举权。根据这一规定，公民只要依法具有中华人民共和国国籍，到选举日为止年满18周岁，享有政治权利，都有选举权和被选举权，这一规定充分体现了我国公民享有选举权的广泛程度。

选举权和被选举权是公民政治权利的重要内容，根据我国刑法第五十四条规定，剥夺政治权利包括剥夺下列权利：（1）选举权和被选举权；（2）言论、出版、集会、结社、游行、示威自由的权利；（3）担任国家机关职务的权利；（4）担任国有公司、企业、事业单位和人民团体领导职务的权利。因此，选举法明确规定依法被剥夺政治权利的人没有选举权和被选举权。

除此之外，1983 年全国人大常委会通过了《关于县级以下人民代表大会代表直接选举的若干规定》，对公民行使选举权和被选举权的问题作出了进一步明确的规定。具体内容是：第一，精神病患者不能行使选举权利的，经选举委员会确认，不行使选举权利。精神病患者本身享有选举权和被选举权，但由于其患病失去了行为能力，丧失了行使政治权利的能力，因此，经选举委员会确认确实无法行使选举权利后，暂不行使其选举权利。第二，因反革命案（现为“危害国家安全罪”）或者其他严重刑事犯罪案被羁押，正在受侦查、起诉、审判的人，经人民检察院或者人民法院决定，在被羁押期间停止行使选举权利。第三，下列人员准予行使选举权利：被判处有期徒刑、拘役、管制而没有附加剥夺政治权利的；被羁押，正在受侦查、起诉、审判，人民检察院或者人民法院没有决定停止行使选举权利的；正在取保候审或者被监视居住的；正在被劳动教养的[①]；正在受拘留处罚的。以上所列人员参加选举，由选举委员会和执行监禁、羁押、拘留或者劳动教养的机关共同决定，可以在流动票箱投票，或者委托有选举权的亲属或者其他选民代为投票。被判处拘役、受拘留处罚或者被劳动教养的人也可以在选举日回原选区参加选举。

可见，在我国，依法被剥夺政治权利或者停止行使选举权的人，只占人口的极少数，这充分说明我国选举权的普遍性。选举权的普遍性原则的规定，保证了绝大多数的公民依法享有选举权和被选举权，切实参与国家管理。以普遍选举产生的国家政权机关，具有人民性和代表性，从制度上保证了国家政权机关组成人员能够真正代表人民的利益，接受人民的监督。

---

① 根据《全国人民代表大会常务委员会关于废止有关劳动教养法律规定的决定》（2013年12月28日第十二届全国人民代表大会常务委员会第六次会议通过），劳动教养制度被废止。下同。——编者注。

10. 选举权的平等原则

选举权的平等原则，是指享有选举权的主体实现权利的机会是相等的，每人在一次选举中只有一个投票权，每票的价值相等，也就是通常所说的“一人一票，票值相等”原则。这是平等原则在选举制度中的体现。

与选举权的平等原则相对立的，是不平等选举制，也称为复数选举制。这是一种以身份或财产为中心的选举制，是指选民的权利和地位不平等，在一次选举中不仅每个人投票的数量不相同，而且所投票的价值也有区别。典型的复数投票制度可以英国为例。英国 1918 年制定的《国民参政法》曾规定两类复数投票权：拥有固定资产的选举人除在其所居住选区投票外，还可在其产业所在地或营业场所的选区投票。根据这个条件，如果某个选民在若干个选区都拥有独立的住宅、土地、企业和其他不动产，那么这个选民在一次选举中就可以分别在若干个选区各投一票。另外，该法还规定了大学选区，即各个大学可以单独成为一个选区，凡是在该大学取得过某种学位、担任过某种职务或取得过其他某种资格的选民，在一次选举中除可以在各自的大学选区投票外，还可以在各自所住选区投票。前者废除的时间较早，后者直至 1948 年才被废除。除英国外，比利时在 1893 年至 1917 年也曾采用复数投票制。

从 20 世纪初开始，特别是第二次世界大战后，世界上越来越多的国家都逐步在法律上实行选举权的平等原则。我国 1953 年的选举法第六条就明确规定：“每一选民只有一个投票权。”现行选举法第五条更具体规定：“每一选民在一次选举中只有一个投票权。”

我国选举权的平等原则主要体现在以下几个方面：

（1）参选权上的平等。根据宪法和选举法的规定，年满 18 周岁的中国公民，除被依法剥夺政治权利者外，在享有选举权和被选举权方面，均不因民族、种族、性别、职业、家庭出身、宗教信仰、教育程度、财产状况和居住期限等方面的差别而享受特权或受到歧视。

（2）投票权上的平等。即每一选民在直接选举本县（市、区）、本乡的人大代表中，只能有一个投票权，不能同时参加两个或两个以上选区的投票选举。每一选民在一次选举中只有一个投票权，并不是在全国同一次县、乡换届选举中只能参加一个地方的投票选举。由于我国县、乡换届选举的时间跨度比较长，一般是一年半。有的选民在一个地方参加完县、乡直接选举后，因为工作、学习、生活等原因，迁居另一行政区域，随后新居住的区域开始县、乡直接选举时，该选民有权登记为选民，参加新居住地区的县、乡直接选举。

（3）所有有效选票都具有相等的法律效力。每一选票不能因为身份、地位、民族、种族、性别、年龄的不同而在法律效力上有差别，既不允许任何选民有特权，也不允许对任何选民有任何限制和歧视。

（4）代表名额上的平等。根据选举法的规定，我国地方各级人大代表名额是按照基数加人口数来计算，并使各民族、各地区、各方面都能有适当数量代表的原则统一确定。根据我国人口结构的特点，在新中国成立后，选举法曾规定了城市和农村之间，每一代表所代表的人口数不同的比例。随着我国政治、经济、文化的发展，城乡人口结构的改变，2010 年选举法的修改正式确立了城乡按相同人口比例选举人大代表这一原则。

11. 直接选举和间接选举相结合原则

直接选举和间接选举是两个相互对应的概念，前者是指选民不通过任何中间人或中间组织而直接对被选举人进行选举的制度；后者是指选民首先选举选举人或选举团或其他代表机关，再由选举人或选举团或其他代表机关代表自己对被选举人进行选举的制度。

当前，实行民主制度的国家虽然都承认选举权的普遍和平等原则，但各国具体的选举制度却不尽相同。具体采取哪种选举制度和选举方式，首先取决于一国的国体和政体。一个国家是共和制还是君主立宪制，采用总统制还是议会内阁制，都会对选举制度产生影响。资本主义国家的选举制度与资产阶级的议会制度紧密联系，因为组成议会的议员都要通过不同形式的民主选举产生。从当代西方资本主义各国的选举来看，议会下院议员的选举基本采用直接选举，议会上院的选举和国家领导人的选举则大多采用间接选举。社会主义的选举制度是与社会主义的人民代表大会制度紧密联系的。以我国为例，县、乡两级人大代表由选民直接投票选出，设区的市级以上各级人大代表由下级人大选举；各级国家机关领导人由同级人大代表选举。

此外，由于历史传统、民族构成、宗教信仰、社会结构等因素的影响，各国具体的选举方式也不尽一致。即使实行相同社会制度、拥有类似民主价值观念的国家，由于各自的实际情况，所采取的选举方式也有很大差异。以较为发达的三个资本主义国家为例：英国的下院议员全部是由直接选举产生的。但作为政府实际首脑的内阁首相，则不是由选民直接选举产生，而是在下院中占多数议席的执政党首领出任的，从某种意义上说，首相是由下院间接产生的。美国的国会议员是由选民直接选举产生的。但美国的总统则由间接选举产生，即选民在每次大选投票选举产生总统选举人，再由总统选举人在指定时间集中在各州的州府所在地投票选举总统。德国则除了联邦议院的议员由全体选民以直接选举的方式选举产生外，作为国家元首的总统，是由联邦大会选举产生的。联邦大会的任务就是选举总统，它由联邦议院的议长召集和主持，其成员包括联邦议院议员和各州议会的代表。总统选举产生后，联邦大会即结束。而作为政府首脑的联邦总理，是由联邦总统提名，经联邦议院选举产生，最后由总统任命，其人选是联邦议院多数党或者多数党联盟领袖。

在我国，人大代表的选举产生有两种基本方式，一种是直接选举，即由选民按选区直接投票选举产生国家代表机关的代表。选举法第三条第二款规定："不设区的市、市辖区、县、自治县、乡、民族乡、镇的人民代表大会的代表，由选民直接选举。"另一种是间接选举，即由选民按选区选出本级代表或选举人，再由这些代表或者选举人依法投票选举产生上一级国家代表机关的代表或者其他国家机关组成人员的选举。选举法第三条第一款规定："全国人民代表大会的代表，省、自治区、直辖市、设区的市、自治州的人民代表大会的代表，由下一级人民代表大会选举。"

可以看出，我国选举法和选举制度实行直接选举和间接选举并用的选举原则。我国实行直接选举和间接选举并用的原则是从 1953 年第一部选举法开始的。当时我国正处于新中国成立初期，国家的经济还不发达，交通也不便利，人民群众的民主意识和文化水平还不高，实行较大范围的直接选举有一定困难，因此 1953 年选举法只规定乡、镇和不设区的市、市辖区实行直接选举。随着国家的政治、经济、文化和交通等各方面的发展，1979 年我国重新修订了选举法，将直接选举扩大到县级。

直接选举与间接选举相比，是一种更为完备的选举方式，因为直接选举能够使选民的民主权利直接得到实现。它一方面便于选民直接挑选自己最了解、最信任的人参加到国家机关中去，代表选民的意志行使国家权力；另一方面便于选民直接地对代表进行监督，有利于代表随时听取和反映广大选民的意见，并向选民负责和报告工作。从这个意义上说，这种充分的民主是我们社会主义国家追求的目标。但是，由于我国幅员辽阔，人口众多，各地的政治、经济、文化和交通发展水平极不平衡，还未达到直接选举的条件，如果我们不考虑实际情况，一味地追求形式上的"直接选举"，结果只会有悖于我们的初衷，给各级人大代表的选举带来困难，使发扬社会主义民主成为一句空话。多年的实践证明，在现阶段我国采用直接选举和间接选举相结合的选举制度，符合我国的国情，能使人民当家作主的民主权利得到较好的实现。

12. 差额选举原则

差额选举是与等额选举相对应的概念。等额选举是指选举中应选出的代表数额同提出的候选人数额相等，差额选举是指选举中候选人人数多于应选出的代表名额。相对于等额选举，差额选举可以使选民和代表有更多的选择余地，切实提高选举的民主化程度，从而更利于选出人民群众满意的代表。差额选举有利于人才的选拔，使优秀人才得以脱颖而出。此外，差额选举的结果必然使一部分候选人落选，也可以使当选的代表增强履职意识和责任心。

我国人民代表大会制度建立后相当长的一段时间内，没有实行差额选举，直到 1979 年制定的地方组织法和重新修订的选举法才明确规定实行差额选举。这是我国选举制度和民主政治建设的一项重大改革。

（1）选举各级人大代表实行差额选举

根据选举法第三十一条的规定，全国和地方各级人民代表大会代表实行差额选举，代表候选人的人数应多于应选代表的名额。由选民直接选举人民代表大会代表的，代表候选人的人数应多于应选代表名额三分之一至一倍；由县级以上的地方各级人民代表大会选举上一级人民代表大会代表的，代表候选人的人数应多于应选代表名额五分之一至二分之一。

如果所提候选人的人数符合选举法规定的差额比例，直接进行投票选举。如果所提候选人的人数超过选举法第三十一条规定的最高差额比例，进行预选，根据预选时得票多少的顺序，按照本级人大的选举办法，根据选举法确定的具体差额比例，确定正式代表候选人名单，进行投票选举。

（2）选举国家机关组成人员实行差额选举

除了人大代表的选举外，地方国家机关组成人员的选举也实行差额选举。根据地方组织法第二十二条的规定，人大常委会主任、秘书长，乡、民族乡、镇的人大主席，人民政府正职领导人员，人民法院院长，人民检察院检察长的候选人数一般应多一人，进行差额选举；如果提名的候选人只有一人，也可以等额选举。人大常委会副主任，乡、民族乡、镇的人大副主席，人民政府副职领导人员的候选人数应比应选人数多一人至三人，人大常委会委员的候选人数应比应选人数多十分之一至五分之一。

如果提名的候选人数符合选举办法规定的差额数，由主席团提交代表酝酿、讨论后，进行选举。如果提名的候选人数超过选举办法规定的差额数，由主席团提交代表酝酿、讨论后，进行预选，根据在预选中得票多少的顺序，按照选举办法规定的差额数，确定正式候选人名单，进行选举。

此外，全国人民代表大会在选举全国人大常委会委员时，也实行差额选举。

13. 无记名投票原则

无记名投票原则又称秘密选举原则，是指投票人在投票时，在选票上不注明自己的姓名，而且可以在秘密写票处秘密填写选票，投票人只填写自己同意或者不同意的候选人的姓名，选票填好以后，自己亲自投进票箱的一种投票方式。相对于记名投票或者以起立、举手、鼓掌表决等公开表决方式，无记名投票的方式更民主，投票人不受外界的干扰，更有利于投票人按照自己的意愿进行投票，使选举的结果更加真实。

无记名投票原则是从公开选举中产生和发展而来的。18 世纪末期以前各国普遍采用的是公开选举，这不利于选举自由、公正地进行。随着选举制度的改革，逐步产生了无记名投票，这一选举方式也不断发展和完善起来。

无记名投票是我国现行选举制度的一项基本原则。作为一项基本原则，无记名投票经历了一个逐步确立的过程。早在新民主主义革命时期，中国共产党领导广大劳动人民群众在各革命根据地范围内，就曾开展过一系列民主选举活动。这个时期的选举表决采用过投豆、举手、画圈、投票等表决方式。1953 年新中国第一部选举法根据当时的实际情况，采取了举手与投票并用的表决方式。经过几十年的发展，我国的政治、经济、文化有了很大的提高，人民群众的文化素质普遍有所提高，采用秘密投票表决方式的条件已具备。因此，1979 年宪法、选举法明确规定了无记名投票的方式。选举法第四十条规定："全国和地方各级人民代表大会代表的选举，一律采用无记名投票的方法。选举时应当设有秘密写票处。选民如果是文盲或者因残疾不能写选票的，可以委托他信任的人代写。"

根据选举法的规定，委托他人代写选票必须符合两个条件：一是委托人不具备填写选票的条件，如委托人是文盲或者是盲人及其他不能书写的人；二是接受委托的人必须是委托人所信任的人，委托人可以委托自己的亲属、朋友、同事或者任何自己信任的其他选民代自己书写选票。代写选票的规定，是为了使不能填写选票的选民也能行使选举权。

14. 对选举权利的保障

在我国选举制度中，为保障选举制度的民主性，使每个选民都能参加选举，自由地表达意愿，选举法和其他法律规定了对选举人行使选举权的物质上、程序上和法律上的保障。选举权利保障原则在选举中的贯彻实施，为我国公民依法实现选举权和被选举权提供了良好的制度保障。

（1）物质保障

选举法规定，全国人大和地方各级人大的选举经费由国库开支。中国人民解放军选举全国人大和县级以上地方各级人大代表的办法规定，军队选举经费由军费开支。

选举经费是使民主选举得以进行的物质保障。没有一定的物质保障，选举工作就很难进行。西方国家选举经费来源的特点是，国家拨款较少，更多的是政党筹资，候选人向企业、组织、个人等多方筹集。在西方国家，金钱对于选举的胜利至关重要。“金钱是政治的母乳”，这是对美国政治生活中金钱作用的一个最洗练的形容。在竞选经费上的不平等，造成选举实际上的不平等。

我国选举法的规定，为选民充分行使选举权和被选举权提供了必要的物质保障，为选民普遍行使选举权提供了条件。根据预算法的规定，县级以上各级预算必须设立国库；具备条件的乡、民族乡、镇也应当设立国库。各级国库库款的支配权属于本级政府财政部门。除法律、行政法规另有规定外，未经本级政府财政部门同意，任何部门、单位和个人都无权动用国库库款或者以其他方式支配已入国库的库款。

实际上，国库和各级财政紧密联系，也是分级的。实践中，遇到一个问题，即选举经费由哪一级国库开支。选举人大代表是为了组成各级国家权力机关，并产生相应的行政机关、监察机关、审判机关和检察机关，因此，原则上说，选举哪一级人大代表，就应当由哪一级国库开支。但县乡直接选举具有特殊性，一是具有双重功能，主要是县一级，既是为了选举组成本级国家权力机关，又是为选举产生上级国家权力机关提供基础。只有直接选举产生了县级人大代表，才能产生上一级，以至更上一级人大代表。二是县乡的财力有限。因此，中央财政、县乡的上级地方财政应当对县乡直接选举给予支持。选举经费由国库开支，保证了人民行使当家作主的权利，避免了候选人、党派为了筹集选举经费而向利益集团许诺背离人民意愿的情况发生，充分体现了社会主义制度的优越性。

（2）程序保障

选举法在有关选举的一系列程序规定中，同样贯彻了选举权利的保障原则。如在选举日前 20 日公布选民名单；选举委员会对有关选民名单方面的申诉意见，应在 3 日内作出处理决定；选举委员会应向选民介绍代表候选人的情况；选民或者选举单位有权依法罢免自己选出的代表等规定，为选民和代表切实有效地依法行使选举权利，提供了具体的程序上的保障。

（3）法律保障

我国宪法、选举法、地方组织法等规定了选举的原则、组织、程序和方法，使整个选举的进行和公民选举权利的行使有法可依，切实保障选举工作的顺利进行。为使选举法的规定更符合各地的实际情况，选举法规定，省、自治区、直辖市的人大及其常委会根据选举法可以制定选举实施细则，报全国人大常委会备案。

选举法明确规定，为保障选民和代表自由行使选举权和被选举权，对破坏选举的行为，违反治安管理规定的，依法给予治安管理处罚；构成犯罪的，依法追究刑事责任。违法主体是国家工作人员的，还应当由监察机关给予政务处分或者由所在机关、单位给予处分。治安管理处罚法和刑法对破坏选举应承担的行政和刑事责任作了规定。

15. 关于如何保障人大代表的广泛性

人大代表结构应当具有广泛性，这样才能加强代表和选民之间的联系，保证代表能够充分反映人民群众的意愿。为保障人大代表具有广泛的代表性，选举法规定，各级人大代表中应当有适当数量的基层代表。在每次换届选举时，中央有关选举工作的文件中都要求适当提升基层代表比例。

关于基层代表。人大代表应当有适当数量的基层代表，是代表应当具有广泛的代表性的必然要求。从当前人大代表结构的实际情况看，人大代表结构中，党政领导干部、企业家所占比例偏高，而一线人员、基层代表，特别是工人、农民和知识分子代表偏少的现象比较突出。

党政领导干部政治素质高，能力强，对政治、经济及社会各方面的情况比较熟悉，有利于提高人民代表大会议事的整体功效，有利于国家权力机关作出的决议、决定的贯彻执行。一些企业家，特别是民营企业家，在社会主义市场经济条件下，通过自身努力，在激烈的市场竞争中取得成功。这些企业家勤奋、务实，具有较强的开拓、创新意识。但领导干部、企业家等过多，必然会挤占基层代表的名额，使得人大代表缺乏广泛的代表性。因此，要强调有适当数量的基层代表，特别是工人、农民和知识分子代表。选举法中的工人、农民和知识分子代表，主要指在一线从事工农业生产的工人、农民，以及在一线从事教学、科研等工作的知识分子，如在工厂车间从事生产活动的工人，直接从事种植业、畜牧业生产的农民，工作在教学、科研、医疗第一线的教师、科研人员、医生等。

关于妇女代表。我国宪法第四十八条第一款规定，“中华人民共和国妇女在政治的、经济的、文化的、社会的和家庭的生活等各方面享有同男子平等的权利”；同时宪法第三十四条还规定，“中华人民共和国年满十八周岁的公民，不分民族、种族、性别、职业、家庭出身、宗教信仰、教育程度、财产状况、居住期限，都有选举权和被选举权”。妇女权益保障法第十一条第一款、第二款规定，“妇女享有与男子平等的选举权和被选举权。全国人民代表大会和地方各级人民代表大会的代表中，应当有适当数量的妇女代表。国家采取措施，逐步提高全国人民代表大会和地方各级人民代表大会的妇女代表的比例”。这些规定，为妇女同男子享有同等的政治权利奠定了坚实的法律基础。但是，由于各种原因，在一些地方人大代表的选举中，妇女代表的比例偏低，许多地方妇女代表的比例达不到全体代表的20%。选举法第七条第一款中规定，全国人大和地方各级人大代表应当具有广泛的代表性，应当有适当数量的妇女代表，并逐步提高妇女代表的比例，正是考虑到现实和法律要求还有一定差距，为进一步解决人大代表选举中妇女代表偏少而作出的。根据这一规定，全国和地方各级人大代表中，都要有适当数量的妇女代表，并随着政治、经济、文化的不断发展和参政、履职能力的提高，使各级人大代表中的妇女代表比例逐步提高。

但是，法律没有对妇女代表的比例作出具体明确的规定，这主要是考虑到我国各级人大代表的选举是以行政区域为单位进行的，不是按界别选举，对妇女代表规定具体比例，在实际选举中很难操作。如果对妇女代表规定具体比例，就必须向各选区或者选举单位硬性分配妇女代表名额，很可能造成指定选举、下派选举，势必会影响选民或者代表自主行使选举权，不利于充分发扬民主。为此，选举法只作出了一个原则性规定，既实现了有效的引导，使妇女代表在各级人大代表中的比例逐步提高，又尊重了选民和代表的意愿，实现真实的民主。在换届选举中为了保证妇女代表的比例逐步提高，各政党、各人民团体以及选民或者代表要多提出妇女代表候选人，特别是要提出优秀的妇女代表候选人。只有妇女代表候选人有较高的比例，并且具有一定的竞争力，才能保证当选妇女代表的比例有所提高。

16. 关于实行城乡按相同人口比例选举人大代表的原则

我国实行人民代表大会制，不搞两院制。人民代表大会的组成要求具有广泛的代表性，既能代表反映全体人民的意见和要求，又能代表反映不同地区的意见和要求，还要能代表反映不同民族的意见和要求。由此也决定人民代表大会的组成，要综合考虑各种因素，合理分配代表名额，使人民代表大会具有广泛的代表性，能反映各个不同方面的诉求。为此，实行城乡按相同人口比例选举代表，总的要求：一是保障公民都享有平等的选举权，实行城乡按相同人口比例选举代表，体现人人平等；二是保障各地方在国家权力机关有平等的参与权，各行政区域不论人口多少，都能选举一定数量的代表，体现地区平等；三是保障各民族都有适当数量的代表，人口再少的民族，也要有一名代表，体现民族平等。此外，各方面代表性人物比较集中的地方，也应给予适当的照顾。

人人平等是选举权平等的基石。选举权平等，除一人一票，一人在一次选举中只有一个投票权外，更深一层的要求是在根据人口数分配代表名额时，各类人口在分配中的作用是相同的，以体现人人平等。虽然代表名额分配要综合考虑多种因素形成一种或多种分配原则，但在同一分配原则面前，应当一视同仁，不能差别对待。实行城乡按相同人口比例选举人大代表，改变了按人口数分配代表名额时区分城乡的做法，因此是选举权平等的一大历史性进步。

选举法还强调地区平等，解决有的地区代表名额过少的问题。地区平等主要通过基本名额数体现，体现同级行政区域的法律地位平等，确保人口较少的地区有一定数量的代表参与国家权力机关的工作，更好地反映本行政区域的意见。此外，地区基本名额数还具有一定的调剂功能，通过充分考虑各方面因素合理设定地区基本名额数，可以减小代表名额分配的总体变动幅度，避免代表名额的悬殊。

民族平等是宪法和选举法确立并坚持的原则。我国除汉族外，有55个少数民族。宪法规定，中华人民共和国各民族一律平等。国家保障各少数民族的合法的权利和利益，维护和发展各民族的平等、团结、互助关系。在选举上坚持民族平等，就是要保障各少数民族人民都有平等的选举权，要有相应数量的代表参加各级人大。我国少数民族的人口数在全国总人口数中所占比例较低，约为8.9%。保障各少数民族能选出一定数量的人大代表，就不能一刀切要求少数民族每一代表所代表的人口数都是相同的。选举法对此规定了三种情况：一是聚居境内同一少数民族的总人口数占境内总人口数30%以上的，每一代表所代表的人口数应相当于当地人大每一代表所代表的人口数。二是聚居境内同一少数民族的总人口数不足境内总人口数15%的，每一代表所代表的人口数可以适当少于当地人大每一代表所代表的人口数，但不得少于二分之一；实行区域自治的民族人口特少的自治县，经省、自治区的人大常委会决定，可以少于二分之一。人口特少的其他聚居民族，至少应有代表一人。三是聚居境内同一少数民族的总人口数占境内总人口数 15% 以上、不足 30% 的，每一代表所代表的人口数，可以适当少于当地人大每一代表所代表的人口数，但分配给该少数民族的应选代表名额不得超过代表总名额的 30%。全国少数民族应选全国人大代表，由全国人大常委会参照各少数民族的人口数和分布等情况，分配给各省、自治区、直辖市的人大选出。人口特少的民族，至少应有代表一人。从全国人大代表的选举情况来看，少数民族代表一般占总数的 12% 以上，高于少数民族的人口比例。以第十三届全国人大代表的构成为例，在选出的代表中，少数民族代表 438 名，占代表总数的 14.70%，全国 55 个少数民族都有本民族的代表。

三个平等是有机统一的。在具体操作上，应当是在总名额中各取出一定名额，分别按相应的原则分配。根据修改决定，全国人大代表名额根据各省（区、市）的人口数，地方各级人大代表名额根据所辖的下一级各行政区域或选区的人口数，按照每一代表所代表的城乡人口数相同的原则，以及保证各地区、各民族、各方面都有适当数量代表的要求进行分配。根据上述规定，代表名额分配应当以人口数为主，同时要保证各地区、各民族、各方面都有适当数量的代表，以充分体现三个平等的有机统一。

第二章　选举机构

1. 省级和设区的市、自治州一级人大代表的选举由本级人大常委会主持

选举是一项涉及面广，政治性、法律性、程序性都很强的工作，必须精心组织，才能使选举工作顺利进行。确定和设立选举机构，是顺利开展选举工作的重要保证。根据选举法第九条第一款的规定，省、自治区、直辖市、设区的市、自治州的人大常委会主持本级人大代表的选举。

2. 县、乡两级人大代表的选举工作由选举委员会主持

根据选举法第九条第二款的规定，不设区的市、市辖区、县、自治县、乡、民族乡、镇设立选举委员会，主持本级人大代表的选举。县乡两级选举委员会受县级人大常委会的领导。选举委员会一般还要设立选举办事机构，有的还设立选区选举办事处办理有关选举具体事务。

选举法第九条第三款还规定，省、自治区、直辖市、设区的市、自治州的人大常委会指导本行政区域内县级以下人大代表的选举工作。之所以这样规定，是因为直接选举的工作环节多，工作量大，问题复杂，选举工作需要协调一致。由上级人大常委会对县乡人大换届选举工作予以指导，既有利于统一对法律的执行，又有利于统筹安排本行政区

域内的县乡直接选举工作，还有利于与本行政区域内的间接选举有机衔接。

3. 选举委员会的组成人员由县级人大常委会任命

按照选举法第十条第一款的规定，县乡两级选举委员会的组成人员均由所在的不设区的市、市辖区、县、自治县的人大常委会任命。选举委员会一般由主任 1 人，副主任若干人和委员若干人组成。选举委员会是临时性机构，选举结束时自行终止，下次换届选举时由县级人大常委会任命产生新的选举委员会。

按照实践中的做法，选举委员会一般由本级地方党委、人大、政府的相关部门的人员组成。主要原因在于选举组织过程中会涉及诸如选民登记、资格审查、交通、通信、场所、联络等各种事务，需要有不同的部门加以配合协作，因此，党委、人大、政府的一些部门的领导参与进来，能够有效地调动相关部门的人力和资源，能够很好地协调各部门的工作，从而组织好选举工作。

4. 选举委员会的组成人员不能同时是代表候选人

为保证选举的公平、公正，选举法规定，选举委员会的组成人员为代表候选人的，应当辞去选举委员会的职务。这是我国选举制度的重要发展和完善，有利于充分发扬民主，改进选举工作。之所以作这样的规定，主要考虑是，早在 1953 年制定选举法时，就曾提出是否要规定选举委员会成员的回避问题，当时考虑人大代表选举主要是间接选举，在各级人大会议上的选举工作，不是由选举委员会而是由大会主席团主持的，而基层选举工作又是在上级选举委员会派去的工作组的监督和指导下进行的，因此没有作出规定。后来，各方面的情况已经发生很大变化，一是直接选举的范围扩大到了县一级，二是间接选举不再设立选举委员会，三是县乡两级选举委员会各自的职责更加明确，四是人民群众对民主选举的期望要求不断提高。因此，有必要实行选举委员会成员的回避制度。这也是国外选举制度中很普遍的一项内容。

5. 被确定为正式代表候选人的选举委员会成员应提出辞职

选举委员会主持本级人大代表的选举工作，在换届选举中发挥重要作用。选举委员会一般应由党委、人大、政府的相关部门中有一定选举工作经验的人员组成。要在深入考察了解、充分酝酿沟通的基础上，提出选举委员会成员人选建议名单，提交县级人大常委会依照程序任命产生。选举委员会主任应由政治立场坚定、法律意识强、熟悉选举工作且在当地有一定威信的领导同志担任。选举委员会成员党性要强、作风要正，有一定选举工作经验，一般为人大、纪检、组织、宣传、统战、政法、法院、检察院、民政、财政、公安、司法、工会、共青团、妇联等单位和部门的负责人。为了保证选举委员会组成人员的稳定性，拟提名推荐的代表候选人一般不作选举委员会成员。实际工作中，可以从不安排担任人大代表的县乡党委等部门的负责同志中提名担任选举委员会成员。

如果有个别县乡领导干部确因选举组织工作需要必须参加选举委员会，在被确定为正式代表候选人时，应当辞去选举委员会的职务。辞职的具体程序可以考虑，向县人大常委会主任会议提出辞职报告，经主任会议讨论同意，并向下一次的县人大常委会会议报告。至于选举委员会组成人员辞职后是否要公告，法律没有规定，为保证选民的知情权，可以将这一情况告知选民。

另外，选举委员会一般还要设立选举办事机构，要注意选好配强选举委员会派出机构和选民小组组长。选举委员会派出机构负责人一般由选区所在地的党员领导干部担任。选民小组组长要注意挑选党性观念强、在当地有一定威望和影响力的党员担任，农村中一般可由村党支部书记或党员村民小组长担任。

6. 选举委员会应依法履行职责

选举委员会负有组织和主持选举的各项职责，作用十分重要。根据选举法第十一条的规定，选举委员会履行下列职责：（1）划分选举本级人民代表大会代表的选区，分配各选区应选代表的名额；（2）进行选民登记，审查选民资格，公布选民名单；受理对于选民名单不同意见的申诉，并作出决定；（3）确定选举日期；（4）了解核实并组织介绍代表候选人的情况；根据较多数选民的意见，确定和公布正式代表候选人名单；（5）主持投票选举；（6）确定选举结果是否有效，公布当选代表名单；（7）法律规定的其他职责。

选举委员会的职责总体来说，就是主持和组织本级人大代表的选举，具体可以划分为三个阶段的工作，即选举准备阶段、确定正式代表候选人阶段、投票选举阶段。其中，"法律规定的其他职责"主要包括以下几项：对于接受推荐的代表候选人提供的基本情况，经审查认为不实的，应当向选民通报；根据选民的要求，组织代表候选人与选民见面；根据各选区选民分布状况，按照方便选民投票的原则设立投票站；决定是否召开选举大会或者使用流动票箱；发现有破坏选举的行为或者收到对破坏选举行为的举报，依法及时处理；需要追究法律责任的，及时移送有关机关予以处理。

为加强对选举委员会履行职责的监督，保证选举组织工作的公开透明，选举法第十一条第二款规定，选举委员会应当及时公布选举信息。这里的选举信息包括选举委员会应当公布的各种与选举有关的信息，如选民名单、选举日期、代表候选人名单、当选代表名单等。

第三章　代表名额的确定与分配

1. 地方各级人大代表名额的确定

代表名额的确定是分配代表名额的前提，在直接选举中，还是划分选区的根据，属于选举的基础性工作和重要环节，必须依据选举法所规定的原则和程序进行。

地方各级人大代表名额的多少，应当按照便于召开会议、讨论问题和解决问题，并且使各地区、各民族、各方面都能有适当数量的代表的原则来确定。这一原则包括两方面内容：一方面，为便于召开会议、讨论问题和解决问题，要求确定代表名额不宜过多，也不能太少。实践证明，代表人数过多，不便于代表们充分讨论和决定问题，甚至在小组会上都不能普遍地发表意见，也会给会议增加交通、食宿等方面的困难。如果代表人数过少，也不足以体现其应有的代表性，不利于问题的讨论和解决。另一方面，确定代表名额既要注重代表的素质，又要考虑代表的广泛性，使各地区、各民族、各方面都有适当数量的代表。需要注意的是，代表的广泛性，最根本的是意见的广泛性，而不是身份的广泛性。职业、身份对意见、主张有一定影响，但安排照顾的方方面面不宜太细，可以只照顾几个大的方面，包括党外人士、妇女、少数民族、科技界、教育界、文艺界等，不能要求各行各业都照顾到。

依据选举法的规定，地方各级人大代表名额的确定原则是“基数加人口数”，并且不得超过选举法所规定的上限。确定代表名额的基数是为了保证各地区、各民族、各方面都有适当数量的代表，体现了选举法的平等原则。同时考虑到有的地方人口较多，不能无限制地按人口数增加代表名额，否则不利于召开会议、讨论问题和解决问题，因此规定了代表名额的上限。选举法明确规定代表名额的确定办法，有利于选举工作的实施和选举制度的规范化。

地方各级人大代表名额的基数如下：（1）省、自治区、直辖市的代表名额基数为 350 名；（2）设区的市、自治州的代表名额基数为 240 名；（3）县、自治县、不设区的市、市辖区的代表名额基数为 140 名；（4）乡、民族乡、镇的代表名额基数为 45 名。

在代表名额基数的基础上，每增加一个代表名额所需人口数如下：（1）省、自治区每 15 万人可以增加一名代表；（2）直辖市每 25000 人可以增加一名代表；（3）设区的市、自治州每 25000 人可以增加一名代表；（4）县、自治县、不设区的市、市辖区每 5000 人可以增加一名代表；（5）乡、民族乡、镇每 1500 人可以增加一名代表。

地方各级人大代表总名额的上限如下：（1）省、自治区、直辖市的代表总名额不得超过 1000 名；（2）人口超过 1 千万的设区的市、自治州的代表总名额不得超过 650 名；（3）人口超过 155 万的不设区的市、市辖区、县、自治县，代表总名额不得超过 450 名；（4）乡、民族乡、镇的代表总名额不得超过 160 名。

同时，选举法还规定：（1）人口不足 5 万的不设区的市、市辖区、县、自治县，代表总名额可以少于 140 名；（2）人口不足 2000 的乡、民族乡、镇的代表总名额可以少于 45 名。这是考虑到全国各地情况有所不同，对人口少的地方的代表名额作出的特殊规定。

2. 对聚居的少数民族多和人口居住分散的地方，人大代表名额确定上的照顾

根据选举法的规定，对聚居的少数民族多和人口居住分散的地方人大代表名额的确定有一定的照顾，经过法定程序，可以在基数加按人口数确定的代表名额基础上，另加 5%。该规定是考虑到少数民族较多和地广人稀的地区在选举中的实际困难，如果只按照基数加人口数来确定这些地区的代表名额，可能出现代表名额不足或者少数民族不能产生相当数量的本民族代表的情况。

适用该规定的地方包括自治区、聚居的少数民族多的省以及聚居的少数民族多或者人口居住分散的县、自治县、乡、民族乡，但不适用于自治州、市、市辖区以及镇。“聚居的少数民族多”指聚居的少数民族的种类多，而不是聚居的少数民族的人口多。关于“聚居的少数民族多”和“人口居住分散”的具体标准，可以由省级人大常委会根据具体情况决定。

另行增加代表名额需要经过法定的决定程序：（1）自治区、聚居的少数民族多的省，增加代表名额须经全国人大常委会决定；（2）聚居的少数民族多或者人口居住分散的县、自治县、乡、民族乡，增加代表名额须经省、自治区、直辖市的人大常委会决定。乡、民族乡的代表名额，一般由县级人大常委会决定，但另行增加的代表名额，须由所在的省级人大常委会决定，体现了从严掌握的精神。

代表名额的增加必须遵循选举法所规定的幅度，即可以另加 5%。另加 5% 是指在基数和按人口数增加代表名额两项之和的基础上，再增加 5%，但是名额不得突破选举法规定的最高限额。

3. 地方各级人大代表名额的确定程序

根据选举法第十三条的规定，地方各级人大代表名额的确定，原则上是由上级人大对下一级人大的代表名额作出决定。具体程序如下：

（1）省、自治区、直辖市人大代表的具体名额，由全国人大常委会依法确定；（2）设区的市、自治州和县级人大代表的具体名额，由省、自治区、直辖市人大常委会依法确定，报全国人大常委会备案；（3）乡级人大代表的具体名额，由县级人大常委会依法确定，报上一级人大常委会备案。

作出上述规定，主要考虑是：（1）避免自行确定名额可能引起的不同标准，如人口数的统计、计算等。由上级人大常委会确定，便于严格统一地贯彻执行选举法关于代表名额的规定。（2）上级人大对下级人大的情况比较了解，便于根据法律，结合实际情况确定适当的代表名额。虽然地方各级人大代表名额统一由省级人大常委会确定，比较方便，但是如果将乡一级人大代表名额也都规定统一由省级人大常委会确定，工作量太大，也没有必要。（3）加强对代表名额确定的监督。县级、省级人大常委会确定代表名额后，要报上级人大常委会备案，上级人大常委会如果发现问题，有权予以纠正。

关于如何具体确定代表名额，是由本级人大按照选举法的规定计算后报上级人大常委会批准，还是直接由上级人大常委会决定？法律对此没有明确规定，实践中两种做法都可以。

4. 地方各级人大代表的名额经确定后一般不再变动

根据选举法第十四条的规定，地方各级人大的代表总名额经确定后，原则上不再变动。1995 年修改选举法对代表名额的确定予以规范，1997 年各地按照规定重新确定了代表名额；2010 年修改选举法，实行城乡按相同人口比例选举人大代表，在这次选举法修改后的换届选举中，为了保证城乡按相同人口比例选举人大代表平稳顺利实施，根据全国人大常委会办公厅下发的《关于做好地方各级人大代表名额分配工作的指导意见》，经向全国人大常委会请示沟通，贯彻了从严掌握的精神，重新确定了一些市、县、乡代表总名额。2020 年选举法修改，贯彻落实党的十九届四中全会决定提出的“适当增加基层人大代表数量”的要求，综合考虑各方面意见和实际需要，适当增加县乡两级人大代表名额的基数，将不设区的市、市辖区、县、自治县的人大代表名额基数增加20名，将乡、民族乡、镇的人大代表名额基数增加5名；同时，对不设区的市、市辖区、县、自治县的代表总名额达到上限所对应的人口数作相应调整。因此，在2021年开始的县乡两级人大代表换届选举中，需要根据最新修改的选举法的精神重新确定县乡两级人大代表名额。但是，在一般的换届选举中，代表总名额都要按照之前依法确定的名额执行，不再重新确定。人口的自然变化也不影响代表名额。该规定有助于保证法律的严肃性，保持代表名额的稳定，体现了人民代表大会工作规范化的要求。

但是，选举法也规定了可以依法重新确定地方各级人大代表名额的特殊情形，以适应我国的实际情况。依据选举法的规定，以下情形属于可以重新确定地方各级人大代表名额的法定情形：（1）由于行政区划的调整，人口的变动较大的；（2）因为重大工程建设造成人口的迁出或者迁入，人口的变动较大的。把握这两种法定情形必须注意：（1）导致人口变化的原因必须是行政区划的调整以及重大工程建设。出生、新建小区、人口的正常迁入等导致人口自然增加的不在此列。（2）人口的变动必须较大，即人口增加或者减少的幅度较大。如果以上原因导致人口增加或者减少的幅度不大时，不需重新确定代表名额。如果只是行政区划的名称发生变化，面积和人口都没有变化，也不能重新确定代表名额。实践中，确定代表名额所依据的人口数，以户籍人口数为基础，可适当结合人口普查统计数。

重新确定代表名额的程序如下：（1）省、自治区、直辖市人大代表名额需要重新确定的，由全国人大常委会依法定程序决定；（2）设区的市、自治州和县级人大代表名额需要重新确定的，由省、自治区、直辖市人大常委会依法定程序确定；（3）乡级人大代表名额需要重新确定的，由县级人大常委会依法定程序决定；（4）无论哪一级地方人大，在重新确定代表名额后，省、自治区、直辖市人大常委会应当在30日内将重新确定代表名额的情况报全国人大常委会备案，这是2020年选举法修改新增加的要求。

5. 地方各级人大代表名额的分配

代表名额的分配，是指根据选举法所规定的权限和原则，将人大代表的名额分配到各个选区或者各选举单位。代表名额的分配要依据选举法的有关规定进行，以保证人大代表的广泛性和调动各方面的积极性。

根据选举法的规定，我国实行城乡按相同人口比例选举人大代表。地方各级人大代表名额要按照人人平等、地区平等和民族平等的原则进行分配。地方各级人大代表名额的分配，总体上说，在间接选举中，由本级人大常委会分配本行政区域所辖的下一级各行政区域应选的本级人大代表名额；在直接选举中，由选举委员会分配各选区应选代表的名额。具体来说，省、自治区、直辖市人大常委会根据所辖设区的市、自治州、直辖市的区（县）的人口数，按照每一代表所代表的城乡人口数相同的原则，以及保证各地区、各民族、各方面都有适当数量代表的要求分配省（区、市）人大代表名额；设区的市、自治州人大常委会根据所辖不设区的市、市辖区、县、自治县的人口数，按照每一代表所代表的城乡人口数相同的原则，以及保证各地区、各民族、各方面都有适当数量代表的要求分配设区的市级人大代表名额；不设区的市、市辖区、县、自治县、乡、民族乡、镇选举委员会根据选举本级人大代表的选区的人口数，按照每一代表所代表的城乡人口数相同的原则，同时保证各民族、各方面都有适当数量的代表分配各选区应选代表名额。

对于人口特少的乡、民族乡、镇，应当保证其在县、自治县的人大中至少有 1 名代表。人口特少的乡、民族乡、镇，如果完全按照人口数分配名额，可能连一个代表也分不到。考虑到每一个乡、民族乡、镇都是县、自治县所管辖的行政单位，而每个县、自治县的重大问题都要在它的人民代表大会上作出决定，因此，为了保证每一个乡、民族乡、镇都有代表出席县、自治县的人大，作出这种照顾是必要的。此外，有少数民族聚居或者散居的县、自治县、乡、民族乡、镇的人大代表名额的分配，应当遵循少数民族选举的相关规定。

第四章　各少数民族的选举

1. 确定聚居的少数民族每一代表所代表的人口数

为了保证各少数民族都有自己的代表参加当地的人民代表大会，行使当家作主的权利，选举法对聚居的少数民族代表每一代表所代表的人口数作出了特别的规定。根据选举法的有关规定，聚居的少数民族代表每一代表所代表的人口数应当按照以下原则进行计算：

（1）少数民族聚居的地方，应当保证每一聚居的少数民族都有代表参加当地的人大。少数民族聚居是指某少数民族在某行政区域内人口相对较多，且居住较为集中的状况。对聚居的判断首先考虑的是人口的集中。如果某行政区域内某少数民族人口较多，但是居住比较分散，则不能认为是聚居。此外，聚居是相对的。如某少数民族在某县居住比较集中，属于聚居的情况，但是从全省范围来看，则未必是聚居。只要是少数民族聚居的地方，不论聚居的少数民族的人口的多少，都应当保证其至少有一位代表参加当地的人大。

（2）聚居境内同一少数民族总人口数占境内总人口数 30% 以上的，每一代表所代表的人口数应相当于当地人大每一代表所代表的人口数。同一少数民族的总人口数占到境内总人口数的 30% 以上，能够保证其在当地人大中有相当数量的本民族的代表，所以不需要特别照顾。

（3）聚居境内的同一少数民族总人口数占境内总人口数 15% 以上、

不足30%的，每一代表所代表的人口数可以适当少于当地人大每一代表所代表的人口数，但该民族应选代表名额不得超过代表总名额的30%。规定该少数民族每一代表所代表的人口数可以适当少于当地人大的每一代表所代表的人口数，是为了保证该少数民族的代表在当地的人大代表名额中占到一定的比例。分配给该少数民族的代表名额不得超过代表总名额的30%，并不意味着选举出来的该少数民族的代表不得超过代表总名额的30%。分配的名额是必保的，实际选举结果可以多于分配的名额。

（4）聚居境内同一少数民族总人口数不足境内总人口数15%的，为了保证其有适当数量的代表参加所在地的人大，其每一代表所代表的人口数可以适当低一些，但是不得少于当地人大每一代表所代表的人口数的二分之一。由于该少数民族的人口数占总人口数的比例较小，因此法律没有规定分配给该少数民族的代表名额占当地人大代表总名额比例的上限。但是，为保证人口特少的实行区域自治的民族有适当数量的代表参加当地人大，选举法规定，实行区域自治的民族人口特少的自治县，聚居的少数民族的代表每一代表所代表的人口数可以小于当地人大每一代表所代表的人口数的二分之一，但是必须由本省、自治区人大常委会决定，并且只适用于自治县，不包括自治州。

（5）乡、民族乡、镇、县、市辖区、市、自治州、自治区等各级地方人大的代表名额中，人口特少的其他聚居民族，至少应有代表1人。该规定是为了保证少数民族当家作主的权利和人大代表的广泛性。

（6）聚居在自治区、自治州、自治县和有少数民族聚居的乡、民族乡、镇境内的其他少数民族和汉族，在当地人大的选举，适用以上的规定。民族的平等，不仅包括各少数民族和汉族之间的平等，也包括各少数民族之间的平等。这样规定有利于实现汉族和少数民族之间，以及各少数民族之间的选举权的平等，充分贯彻选举法的民族平等原则。

对聚居的少数民族每一代表所代表的人口数和分配给该少数民族

的应选地方人大代表名额作出的上述特别规定，不仅贯彻了我国宪法规定的民族平等精神，也充分体现了选举法的民族平等原则。

2. 确定散居的少数民族每一代表所代表的人口数

散居是相对于聚居而言的，指人口居住比较分散，不能连成一片。和聚居一样，散居也是相对的，并且有一定人口数量的要求，必须在某一行政区域内有一定的比例。

选举法第二十一条规定："散居的少数民族应选当地人民代表大会的代表，每一代表所代表的人口数可以少于当地人民代表大会每一代表所代表的人口数。自治区、自治州、自治县和有少数民族聚居的乡、民族乡、镇的人民代表大会，对于散居的其他少数民族和汉族代表的选举，适用前款的规定。"该规定是为了照顾散居的少数民族，确保其有自己的代表出席当地的人大。如果当地人大每4000人选举代表1人，那么，散居的少数民族可以少于4000人选举1名代表。但是考虑到各地方的少数民族居住情况不一，比较复杂，具体每一代表所代表的人口数的比例法律没有规定，由当地人大根据当地散居的少数民族的人口数和分布情况确定。

民族区域自治地方和有少数民族聚居的乡、民族乡、镇的人大，对于散居在境内的其他少数民族和汉族选举出席当地人大代表，每一代表所代表的人口数可以少于当地人大每一代表所代表的人口数。这就可以有效地保证散居的少数民族和汉族在当地人大中都能有适当比例的代表。

3. 关于聚居的少数民族直接选举的特别规定

依据选举法的规定，聚居的少数民族直接选举县、乡两级人大代表，按照当地的民族关系和居住状况，各少数民族选民可以单独选举，也可以联合选举。该规定与选举法所规定的一般按居住状况、生产单位、事业单位、工作单位来划分选区不同，是针对聚居的少数民族的直接选举的特别规定。

单独选举是指聚居的该少数民族单独划分选区选举。联合选举是指聚居的该少数民族和其他的少数民族联合组成选区进行选举。在确定单独选举还是联合选举时，应当综合考虑当地的民族关系和民族特点，从当地各民族相处的状况、各民族之间的感情、民族语言的特点以及风俗习惯出发，合理地划分选区。一般来说，只要具备一定的条件，应尽量单独划分选区选举，以有利于按照分配的名额选举出少数民族代表，并有利于加强少数民族代表和少数民族的联系，使少数民族群众的意见得到及时的反映。

选举法还规定，对于居住在自治县和有少数民族聚居的乡、民族乡、镇境内的其他少数民族和汉族选举当地人大代表，也适用上述规定。其他少数民族是指自治县和有少数民族聚居的乡、民族乡、镇境内除聚居的少数民族以外的少数民族。该规定有助于保障其他少数民族和汉族与聚居的少数民族享有平等的选举权利。

4. 在选举中应当同时使用当地通用的民族文字

依据选举法的规定，自治区、自治州、自治县制定或者公布的选举文件、选民名单、选民证、代表候选人名单、代表当选证书和选举委员会的印章等，都应当同时使用当地通用的民族文字，也就是在使用国家通用语言文字的同时，使用当地通用的一种或者多种少数民族文字。选举文件、选民名单、选民证、代表候选人名单、代表当选证书和选举委员会的印章等，直接关系到选举中的每一个重要环节，直接关系到选民行使选举权和被选举权。为方便民族自治地方的选民表达其意愿，行使其民主权利，规定使用当地通用的语言文字是必要的。解决选举纠纷包括在选举诉讼过程中，也应根据实际需要，使用当地通用的一种或几种文字。

需要注意的是，民族自治地方在换届选举中使用当地通用的民族文字，是指在使用国家通用语言文字的同时，应当使用当地通用的民族文字，而不是只使用当地通用的少数民族文字。这种使用是强制性的，而不是可以变通的。因为民族自治地方是少数民族集中居住的地方，当地通用的民族文字是当地居住的少数民族不可缺少的交流工具，为保证其充分行使民主权利和选举工作的顺利开展，需要作出这样的强制性规定。当地通用的民族文字，可能是一种，也可能是几种，但必须是当地通用的，由民族自治地方根据当地的具体情况予以确定。

5. 少数民族选举中关于差额选举规定的适用

选举法第三十一条规定各级人大代表实行差额选举，并规定了一定的差额幅度。人大换届选举中，一般应遵循上述关于差额选举的规定。但是在少数民族的选举中，民族自治地方可以根据当地的实际情况，作出变通性的规定。

自治州、自治县的人大代表的选举，如果因为情况特殊需要采取变通办法，不搞差额选举的，可以依照宪法规定由自治州、自治县的人大制定单行条例，报省、自治区的人大常委会批准后生效，并报全国人大常委会备案。

在多民族居住的地方，可以按照法律规定将应选的各少数民族代表的名额分配到选区或者选举单位，并在选票上注明候选人的民族。若未选出该少数民族代表或者选出的该少数民族代表的人数未达到应选的名额，应当再提出该少数民族的候选人进行补选，而不能用其他民族的代表代替该少数民族代表。

6. 少数民族选举中其他事项的办理

选举法的第五章“各少数民族的选举”针对少数民族的选举问题作了专门规定，涉及如何确定聚居和散居的少数民族代表每一代表所代表的人口数，聚居的少数民族如何直接选举县、乡两级人大代表，以及在民族自治地方选举要使用民族文字等问题。

但是，少数民族的选举还涉及选举法第五章所未规定的问题，如选区的划分与选民登记，代表候选人的提出，选举程序，对代表的监督、罢免和补选，对破坏选举的制裁，等等。这些都是少数民族选举所不可缺少的环节。

因此，在少数民族的选举中，对涉及上述问题而第五章又未作出规定的，应当参照选举法其他各章的规定办理。“参照”是指“参考并依照”，也就是说，对于少数民族选举中的具体问题，可以根据本地的实际情况，作出一些变通的规定，如在少数民族候选人的选票上标明其民族。但是这些变通的规定不能与选举法的原则性规定相违背。如每一选民在一次选举中只有一个投票权，无记名投票原则等。

第五章　选区划分与选民登记

1. 划分选区的意义

选区是直接选举中，选民选举国家权力机关的代表时所划分的区域，是组织选举、开展选举活动的基本单位，同时也是当选者的主要活动区域。也就是说，只有在直接选举中才有选区划分问题，即只有在不设区的市、市辖区、县、自治县、乡、民族乡、镇的人大代表的选举中才有选区划分问题。

选区的划分是选举的首要环节和基础性环节，对于选民参加选举、代表当选后的活动等有着直接的影响。根据选举法的有关规定，选民资格的登记和确认、代表名额的分配、代表候选人的提名推荐等，都是按照选区进行的。选区也是代表与选民联系的基本单位，便于代表听取选民意见、接受选民监督。因此，选区划分是否合理，是关系到选民能否依法行使选举权利，选出自己满意的代表的大事，关系到选举能否顺利进行。关键在于如何通过合理划分选区使选举产生的代表更具广泛的代表性，能尽可能地包容或反映各方面的利益，有利于人民充分行使民主权利。因此，在换届选举中，应当高度重视选区划分工作。

2. 选区与选举单位的区别

选举单位是间接选举中的概念，是一级地方人大进行投票选举上一级人大代表的单位，其人员为本级人大的代表，而不是一般的选民。所选出的出席上一级人大的代表，应向选举他的选举单位（人民代表大会）负责，而不是直接向选民负责。选区是直接选举中的概念，由选民组成，在本选区参加投票选举的人都是本选区的选民。由选民直接选举产生的人大代表，应向选举他的选区选民负责，并受选民监督；要直接联系选民，听取和反映选民意见，并向选民报告工作，回答选民的询问。选民有权直接监督和依法罢免自己选出的人大代表。

3. 选区划分的标准

确定选区划分的标准，目的在于通过合理划分选区从而使选举产生的代表更具有广泛的代表性，或者说，使选举最大限度地包容和反映各方面的利益。根据我国选举法第二十五条第一款的规定，不设区的市、市辖区、县、自治县、乡、民族乡、镇的人民代表大会的代表名额分配到选区，按选区进行选举。选区可以按居住状况划分，也可以按生产单位、事业单位、工作单位划分。在实践中，农村按居住状况划分选区的比较多；城市按工作单位划分选区的比较多。按工作单位划分选区有困难的，如属于退休居民、尚未就业、所属单位规模较小等，再按居住状况划分。

按居住状况划分选区的优点在于：一是由于选民需要解决的问题很多都在居住区域内，因此，选区与选民利益联系密切。二是居住区域内的选民之间没有工作单位中的隶属关系，选民地位更为平等。但按居住状况划分选区也有缺点，主要体现在组织选举方面的工作量和难度较大。按工作单位划分选区与按居住状况划分选区相比，其优点在于组织选举较为方便，同时选民对候选人也比较了解。但其缺点是，有些选民不在本地区居住，只在本地区工作，与本地区的利益关系不密切，因此对本地区的一些事务也不是很关心。随着社会主义市场经济的发展，在城镇里，大量的“单位人”转变为“社会人”，职工与单位的关系淡化，在这种情况下，有必要适当增加按居住状况划分的选区。

4. 选区的大小

选区的大小，就是指每个选区产生一名还是多名代表。根据选举法第二十五条第二款的规定，选区的大小，按照每一选区选 1 名至 3 名代表划分。这样规定的原因是，在直接选举中，按地域划分选区，目的是使选出的代表能够反映选举他的选民的意愿，代表选民行使国家权力。选区划分比较小的话，便于选民了解代表候选人和参加选举活动，便于选举组织工作的进行，也便于选民依法对当选代表进行监督。对于代表来说，选区划得比较小，便于其听取选民意见和反映选民意愿，代表选民来行使国家权力。如果选区划得大，代表名额多，选民就不容易了解代表候选人，不利于其行使选举权利，也不利于选举的组织工作。

以往的县乡两级人大换届选举中，各地的做法通常是，选举县级人大代表，在农村可按村民委员会划分选区，也可将几个村民委员会联合划分选区。乡级人民政府机关及所属单位，按分布情况单独或联合划分选区。在城镇，原则上以街道办事处或居民委员会划分选区，人口较多的街道办事处可划分若干选区，人口较少的居民委员会可与邻近的居民委员会联合划分选区。选举乡级人大代表，可按村民小组划分选区，也可按几个村民小组联合划分选区。选举法规定，省、自治区、直辖市人大及其常委会可以根据选举法制定实施细则，报全国人大常委会备案。因此，各省、自治区、直辖市人大及其常委会可以在其制定的选举法实施细则中，根据选举法第二十五条规定以及选举法规定的其他关于选区划分的原则，结合本地的实际情况，制定选区划分的具体办法。

5. 确定各选区的人口数

根据选举法第二十六条的规定，本行政区域内各选区每一代表所代表的人口数应当大体相等。也就是说，直接选举的县、乡级人大，在划分选区时，不论该选区是城镇选区还是农村选区，各选区每一代表所代表的人口数应大体相等。“本行政区域内各选区”是指县、乡一级所辖的行政区域内，直接选举县、乡级人大代表时所划分的各选区。因为全国、省、自治区、直辖市、设区的市、自治州等人大实行按选举单位进行的间接选举，不存在选区划分问题。“每一代表所代表的人口数”，是指每多少人选出一名代表，通过各选区的人口数除以该选区的应选代表名额数得出。“大体相等”是指“人口数大体相等”，而不是选民数大体相等。

每一代表所代表的人口数应当大体相等，是近年来在我国县乡人大换届选举工作中一贯提倡的原则。1995 年修改选举法时规定：“城镇各选区每一代表所代表的人口数应当大体相等。农村各选区每一代表所代表的人口数应当大体相等。”之所以这样规定，是因为根据当时的社会经济发展状况，选举法规定在我国的城市和农村每一代表所代表的人口数是不同的。如选举县级人大代表时，按农村每一代表所代表的人口数四倍于城镇每一代表所代表的人口数分配代表名额。因此对城镇选区和农村选区予以分别规定，但强调在各城镇选区之间、各农村选区之间，应当实现每一代表所代表的人口数大体相等。2004 年修改选举法时，选举人大代表的城乡人口比例仍为四比一，因此延续了该规定。

2010 年修改选举法，实行城乡按相同人口比例选举人大代表，相应地，将上述规定修改为，“本行政区域内各选区每一代表所代表的人口数应当大体相等”，即每产生一名代表的人口数大体相等。这样规定，可以使每产生一名代表所代表的人口数大体相等，从而保证选民选举权的平等，贯彻选举的人人平等原则。该规定是在代表名额按人口数分配的原则上，改变了以往区分城乡的做法，是选举权平等的一大历史进步。各地可以根据实际情况掌握代表名额的分配，但应以不违反本条规定的原则为限。

实践中，一些区、县驻有大型企业、上级机关、高等院校、监狱农场等人口较多的单位。如果依照每一代表所代表的人口数相等的原则划分选区，该地区的大部分代表将来自上述单位，客观上这些代表与该地区的联系不够紧密，有些地方在划分选区时，分配给上述单位所在选区的代表名额往往较少，造成该选区每一代表所代表的人口数多于其他选区。对于这一问题，需要各地总结经验，按居住状况和按工作单位划分选区，进行合理安排。

6. 合理划分选区

选区划分是县乡换届选举工作的重要开端，合理划分选区，关键在于把握以下三点：

第一，要便于县乡同步换届选举工作的进行。县乡同步换届选举，就是要在县一级行政区域范围内，县乡两级人大代表在同一时间内分别提名，并在同一个选举日分别进行投票选举。要实现这一目标，需要统筹划分选区，尽量使县人大代表选区套若干乡人大代表选区，这样可以共享选民登记信息，降低选举成本，方便选举的组织工作。

第二，要便于选民参加选举活动，便于选民了解代表候选人，要考虑选民与选区是否有较密切的联系。选民对其居住生活的地区、工作单位的人和事、情况与问题比较熟悉了解，也比较关心和关注，容易形成表达诉求。因此，法律规定可以按居住状况或工作单位划分选区。具体执行中，是按居住状况划分，还是按工作单位划分，要考虑选民与选区的联系程度，考虑提名、推荐代表候选人与选民的联系程度。合理划分选区，有利于选民在自己工作或生活的地区了解候选人，调动其参选积极性，更好地行使民主选举的权利。

第三，要便于代表联系选民、开展活动、接受监督。选区是选民与代表联系的连结点，代表的活动不可能脱离居住地区、工作单位，选区划分要考虑代表当选后联系选民、反映选民意见和建议的需要。

7. 人民解放军单独进行选举

人民解放军作为国家的武装力量，集中居住，单独执行任务，代表着一个特殊的界别。因此，选举法第六条对人民解放军的选举专门作了规定，人民解放军单独进行选举，选举办法另订。人民解放军单独进行选举，不仅便于军队选举工作的开展，而且能很好地确保军队代表的依法选举。

人民解放军选举各级人大代表，由驻该行政区域的现役军人和参加军队选举的其他人员按选区直接选举产生。选区按该行政区域内驻军各单位的分布情况划分。选区的大小，按照每一选区选 1 名至 3 名代表划分。解放军选举县级以上地方各级人大代表，由团级以上单位召开军人代表大会选举产生。其中，师级以上单位的军人代表大会代表，由下级军人代表大会选举产生。下级单位不召开军人代表大会的，由军人大会选举产生。旅团级军人代表大会代表，由连和其他基层单位召开军人大会选举产生。解放军选举全国人大代表，由各总部、大军区级单位和中央军委办公厅军人代表大会选举产生。

8. 选民登记的方式

选民登记是由选举机构对依法享有选举权的公民进行登记、确认其选民资格的必经程序。没有登记的选民将无法参加人大代表选举，也不能成为代表候选人。选民登记的实质是对公民是否具有选举权进行确认，是将公民在法律上享有的选举权转化为实际上能够行使的选举权利的必经程序和环节，是保证享有选举权的公民不被剥夺投票权和防止没有选举权的公民参加投票的重要措施。

各国进行选民登记的具体做法大致可以分为两种：一种是职权主义方式，即由官方对符合选民条件的公民进行调查和登记造册，并给编制在册人员发放选举证以便让其按时参加选举，有学者将这种方式称为选民登记方式；另一种是申告主义方式，即由公民本人主动向负责选举的机关申请登记，选举机关依据其申请审查其是否符合选民条件，如果合格即予以登记入册，并发给其选民资格证书以便其能出示参加选举。在后一种方式中，经常发生一些选民放弃申告或者没有及时申告而不能确认选民资格的情况，从而降低参选率，使选举结果不能真实反映大多数选民的意愿。因此，现在大多数国家都采用职权主义的选民登记方式。在选民名册的编制方式上大体也分为两种：一种是继续名册制，即选民登记名册时，以早期逐家逐户查访编制而成的原始名册为基础，每次选举前根据这个原始名册结合新的变化情况进行必要的增删补充修改，然后予以公布。另一种是临时名册制，即每次选举都要进行一次新的选民登记。

根据我国选举法的规定，选民登记按选区进行，实行一次登记，长期有效的制度。即只要在第一次选举中对选区选民进行全面登记后，在以后的选举中，不再需要进行重新登记。选区可以按居住状况划分，也可以按生产单位、事业单位、工作单位划分。这意味着选民既可以在居住地登记，也可以在工作单位所在地登记。但每一选民只能在一个选区登记，不得重复登记。每次选举前，选举委员会只需在原选民名单的基础上进行“三增三减”的工作，即增加新满 18 周岁、被剥夺政治权利期满后恢复政治权利以及新迁入本选区的选民；同时减去死亡和依法被剥夺政治权利以及迁出本选区的选民。精神病患者不能行使选举权利的，经选举委员会确认，不列入选民名单。选举工作机构要依法办理选民登记，应当采取多种途径，积极主动地搞好选民登记工作。有条件的地方可开展选民登记信息化试点工作，积极推进选民登记信息化系统建设，提高选民登记的便捷性和准确性。为了做到不错登、不漏登、不重登，可以采取选举机构主动登记和选民主动登记并举的办法，力求全面准确。选举工作机构要选派并培训好登记员，到选民住所或工作单位对选民进行登记；也可以设立选民登记站，通过电视、广播和网络等现代通信手段，发动选民主动登记。有条件的地方可开展选民登记信息化试点工作，积极推进选民登记信息化系统建设，提高选民登记的便捷性和准确性。

9. 行使选举权法定年龄的确定

行使选举权的法定年龄是指公民参加投票选举时所必须达到的最低年龄。我国宪法和选举法规定，行使选举权和被选举权的法定年龄条件为年满 18 周岁。其计算方法是，从出生之日起到投票选举之日止，凡年满 18 周岁的就是达到了选举法定年龄。应当注意的是，在计算是否年满 18 周岁时，不能把出生的当年算作 1 岁；也不能只算到开始进行选民登记的那一天为止，而必须是算到投票选举的那一天。另外，用农历计算出生日期的，应将出生日期换算成公历。例如，某地选民登记日为 2021 年 8 月 22 日，选举日定为 2021 年 9 月 15 日。某甲生于 2003 年 9 月 12 日，在 2021 年 8 月 22 日选民登记时，还差 21 天满 18 周岁，但到 2021 年 9 月 15 日投票选举时，则已满 18 周岁，所以某甲应登记为选民。某乙生于 2003 年 9 月 17 日，2021 年 8 月 22 日选民登记时，还差 26 天满 18 周岁，即使到了 2021 年 9 月 15 日投票选举的那一天，仍然差 2 天才能达到选举的法定年龄，所以某乙不能登记为选民。

10. 华侨参加县乡人大代表选举的途径

华侨是指定居在国外的中国公民，归侨是指回国定居的华侨。华侨和归侨都具有中华人民共和国国籍，是中华人民共和国公民。我国历来十分重视对华侨和归侨正当权益的保护，为保证他们享有与其他公民同等的政治权利，在新中国成立初期，国家就在有关法律中作出了规定。1982 年修改选举法，规定“全国人民代表大会和归侨人数较多地区地方人民代表大会，应当有适当名额的归侨代表”，此后未再作修改。

目前为了保证有适当数量的归侨代表，对于归侨相对集中的省、自治区、直辖市，要求保证有出席全国人大的归侨代表，如广东、福建、西藏、云南、北京等都有归侨代表出席全国人民代表大会；对于归侨较多的地区要求该地方人大按归侨的总数分配一定比例的归侨代表名额，以保证他们在当地各级人民代表大会上参政、议政，行使代表职权。

依照我国选举法的规定，中华人民共和国公民年满 18 周岁未被剥夺政治权利都有选举权和被选举权，因此，旅居国外的华侨也同居住在国内的中华人民共和国公民一样，享有选举权和被选举权。但是，由于他们居住在国外，参加国内的选举有一定困难，因此，法律规定如果华侨在选举期间正好在国内，就可以参加原籍地或者出国前居住地的县、乡两级人民代表大会代表的选举。国内公民是按选区参加选举的，一般是在户口所在地或者工作单位所在地参加选举，华侨在县、乡直接选举期间在国内的，如果要参加选举也应选择一个与自己有一定渊源的地方。因此，选举法规定华侨可以参加原籍地和出国前居住地的选举。

11. 台湾同胞参加县乡人大代表选举的途径

台湾是我国神圣领土不可分割的一部分，生活在台湾的中国公民，同在大陆的公民一样，享有选举权。但是由于历史的原因，目前台湾同胞还不可能同大陆同胞一样参加人大直接选举。在实践中，对台湾同胞参加县、乡直接选举的问题是参照选举法关于华侨参加县、乡人大直接选举的规定办理的。台湾同胞在县、乡人大代表选举期间在大陆的，可以参加原籍地或者去台湾前在大陆的居住地的县、乡人大直接选举。对于台湾同胞在大陆投资兴业、办学或探亲，现工作地或者居住地不是原籍地或离开大陆前居住地的，可否参加现工作地或现居住地的县、乡人大换届选举的问题，在实践中是允许的。因为，台湾同胞回大陆工作或探亲，其工作地和居住地与他的联系也很密切，参加工作地或居住地的选举，也是可行的。

12. 流动人口选举权的保障

随着社会主义市场经济的发展，流动人口的规模越来越大，人户分离的现象不断增加，户在人不在、人在户不在的现象比较突出，给选民登记工作增加了难度，错登、漏登、重登的情况时有发生。流动人口选举权利的保障成为日益重要的课题，是县乡人大换届选举必须要重视和解决好的一个重要问题。

全国人大常委会《关于县级以下人民代表大会代表直接选举的若干规定》第九条规定："选民在选举期间临时在外地劳动、工作或者居住，不能回原选区参加选举的，经原居住地的选举委员会认可，可以书面委托有选举权的亲属或者其他选民在原选区代为投票。选民实际上已经迁居外地但是没有转出户口的，在取得原选区选民资格的证明后，可以在现居住地的选区参加选举。"

根据我国流动人口的现状，在换届选举中，要依照宪法和法律的有关规定，采取有效措施，保障流动人口的选举权和被选举权。第一，流动人口原则上应在户口所在地参加选举。选民在选举期间临时在外地劳动、工作或者居住，有条件的可以回原选区参加选举。第二，选民在选举期间不能回原选区参加选举的，可以在现居住地参加选举。各地要根据实际情况，适当放宽流动人口在现居住地参选的条件，支持流动人口在现居住地参加选举。第三，各地要采取多种措施为流动人口参选创造便利条件。流动人口在户籍地参加选举的，经选举委员会同意，可以通过信函、传真或者其他方式委托其他选民代为投票。流动人口在现居住地参加选举的，户籍所在地要及时为其开具选民资格证明；现居住地主持选举的机构也可以主动联系流动人口户籍所在地的选举机构，确认流动人口的选民资格；对于已在现居住地参加过上一届选举的选民，经核对资格后，可以不用再开具选民资格证明，继续在现居住地参加选举。流动人口参加选举的具体办法，可由省级人大常委会结合本地的实际情况制定选举实施细则予以规定。

13. 精神病患者选举权利的保障

我国 1953 年选举法第五条规定：精神病患者无选举权和被选举权。1979 年修订选举法，对这一规定作了修改，肯定了精神病患者的选举权和被选举权，并将权利能力和行为能力适当分开。该法第二十三条第二款规定："无法行使选举权和被选举权的精神病患者，不列入选民名单。" 1986 年修改选举法时，对确认无法行使选举权和被选举权的程序作了进一步完善，增加了选举委员会确认的程序，修改为："精神病患者不能行使选举权利的，经选举委员会确认，不列入选民名单。"这一规定一直沿用至今。

各地执行选举法上述规定的一般做法是，在直接选举进行选民登记时，由各选区的选举工作小组，根据精神病医院的证明或征得精神病患者监护人的书面同意，将本选区内不能行使选举权的精神病患者的名单报选举委员会，经选举委员会确认后，将这些人员不列入选民名单。为保障精神病患者的政治权利，各地严格掌握精神病患者不列入选民名单的标准。例如，《上海市区县和乡镇人民代表大会代表直接选举实施细则》规定：无法行使选举权利的精神病患者和其他无行为能力的人，不列入选民名单，但应当取得医院的证明或者征得其监护人的同意，并经选举委员会确认。间歇性精神病患者，病发时不行使选举权利，但应当取得医院的证明或者征得其监护人的同意，并经选举委员会确认。

我国选举法关于精神病患者行使选举权利的规定，合乎宪法精神，与有关国际公约的精神一致。选举法规定不能行使选举权的精神病患者，经选举委员会确认，不列入选民名单，是在肯定精神病患者享有选举权和被选举权的前提下，把权利能力和行为能力适当分开，将精神病患者中完全不能辨认自己行为，事实上无法行使选举权的人不列入选民名单。这是维护选举权的严肃性，不是剥夺精神病患者的选举权。对精神病患者不列入选民名单，有相应的救济程序。选举法第二十九条规定："对于公布的选民名单有不同意见的，可以在选民名单公布之日起五日内向选举委员会提出申诉。选举委员会对申诉意见，应在三日内作出处理决定。申诉人如果对处理决定不服，可以在选举日的五日以前向人民法院起诉，人民法院应在选举日以前作出判决。人民法院的判决为最后决定。"根据上述规定，未列入选民名单的人，包括精神病患者的监护人，可以根据上述程序获得救济。这与我国加入的《残疾人权利公约》和有关宣言的精神是一致的。

14. 选民名单的公布和选民证的发放

选举法第二十八条规定："选民名单应在选举日的二十日以前公布，实行凭选民证参加投票选举的，并应当发给选民证。"

提前公布选民名单对于选举工作而言具有重要意义。一是本选区内谁有选民资格，谁没有选民资格，通过选民名单可以得到公开确认；二是使选民能有充分的时间酝酿、讨论代表候选人；三是被提名的代表候选人有时间向选民介绍；四是便于处理对选民名单的不同意见。选民名单提前公布的时间，以前规定为 30 天，1995 年修改选举法时改为 20 天。修改的原因是，各地经过几次换届选举，积累了许多经验，普遍认为，适当缩短公布选民名单的时间，有利于缩短直接选举的时间，减少选举的工作量。

选民名单的公布一般采用张榜公布的方式，通常以选区或选民小组为单位进行。从各地以往的经验看，应注意以下几点：

（1）严格按照选举法的规定，选民名单应在选举日的 20 日以前公布。

（2）选民名单要字迹工整清晰，公布要醒目，便于选民阅看。民族自治地方公布选民名单时，还应当注意同时使用当地通用的民族文字。选民名单公布后，要及时组织选民阅看、核对，如发现有错登、漏登、重登的，要及时按照法律程序进行纠正，然后再张榜公布。

（3）在选举日前，对选民名单要进行一次清理，如有迁入、迁出、死亡等，应予以补登或除名，如因特殊情况原定选举日须推迟时，对推迟期间所增加的 18 周岁选民以及其他变动情况，应注意及时处理。

根据选举委员会的规定，凭选民证领取选票的，在公布选民名单时，同时发给选民证，选民凭选民证领取选票，参加投票选举。如果选举委员会规定，凭身份证领取选票参加投票选举，则在公布选民名单时，不必发给选民证。

15. 对选民名单不同意见的提出和处理

公布选民名单的目的之一就在于让该选区公民对照现实情况，对名单提出不同意见，保证选举的公平、公正、公开。

我国选举法第二十九条规定，对于公布的选民名单有不同意见的，可以在选民名单公布之日起 5 日内向选举委员会提出申诉。选举委员会对申诉意见，应在3日内作出处理决定。申诉人如果对处理决定不服，可以在选举日的 5 日以前向人民法院起诉，人民法院应在选举日以前作出判决。人民法院的判决为最后决定。因此，公民对选民名单有不同意见的，可以通过以下途径解决：

（1）向选举委员会提出申诉。申诉应当在选民名单公布之日起 5 日内提出，选举委员会对申诉意见应在 3 日内作出处理决定。由于从公布选民名单到选举投票日只有 20 天的时间，有关公民应当尽快提出申诉意见，选举委员会也必须抓紧时间及时处理申诉意见，否则可能会影响公民选举权的行使。同时，依照选举法的规定，申诉人对处理决定不服，还可以向法院起诉，如果选举委员会拖延了时间，最后可能就来不及纠正错误。

（2）申诉人如果对选举委员会的处理决定不服，可以在选举日的5日以前，向选区所在地的人民法院起诉，人民法院应当在选举日以前作出判决。人民法院审理案件时，起诉人、选举委员会的代表和有关人员应当参加。选举法之所以规定申诉人应在选举日的5日以前向人民法院起诉，是因为人民法院受案后要充分调查取证，如果没有一定的时间，就会影响人民法院对案件的正确审理。选举法规定人民法院应在选举日前作出判决，是由选民名单案件的特殊性所决定的。对于选民名单案件，法院如果延误了时间，在选举日后才作出判决，即使确认申诉人应列入选民名单，也失去了意义，使申诉人失去了行使权利的机会。另外，人民法院在受理案件之前，已由选举委员会进行了调查，作出过处理决定，等于把了一道关。所以人民法院的判决为最后决定，当事人应当服从。即使对人民法院的判决不服，也不能再向上级人民法院上诉。

16. 驻在乡、镇的不属于该级政府领导的企事业单位能否参加所在乡镇的人大代表选举？

驻在乡、民族乡、镇的不属于县级以下人民政府领导的企事业单位的职工人数很多，如果参加乡镇一级选举，不仅其代表所占比例过大，而且由于乡镇人大主要讨论乡、镇的问题，同这些单位关系不大，因此，根据全国人大常委会《关于县级以下人民代表大会代表直接选举的若干规定》的精神，驻在乡、民族乡、镇的不属于该级政府领导的企事业单位职工，可以不参加乡镇人大的选举，而只参加所在县的换届选举。实践中，确定这些单位的职工是参加所驻在的乡、镇选举，还是只参加所在县的选举，可以根据这些单位的意愿，由县级人大常委会同有关单位协商决定。

17. 各类开发区的选民如何进行选民登记?

各类开发区不是一级行政区划。开发区设立的管委会是上一级政府派出的机构，不是一级政权机关。因此，依照法律规定，居住在各类开发区的选民应当参加其居住地或单位所在地的县级人大代表换届选举。县级选举委员会按照居住状况或工作单位划分选区时，也要包括本行政区域内的各类开发区。

18. 被判处有期徒刑但未被剥夺政治权利正在服刑的罪犯，改造表现不好，可否停止其行使选举权利?

选举法第四条规定:“中华人民共和国年满十八周岁的公民，不分民族、种族、性别、职业、家庭出身、宗教信仰、教育程度、财产状况和居住期限，都有选举权和被选举权。依照法律被剥夺政治权利的人没有选举权和被选举权。”根据 1983 年全国人大常委会《关于县级以下人民代表大会代表直接选举的若干规定》第五条第（一）项的规定，被判处有期徒刑、拘役、管制而没有附加剥夺政治权利的，准予行使选举权利。根据上述规定，被依法判处有期徒刑未附加剥夺政治权利正在服刑的罪犯依法可以行使选举权利，有关单位不应以改造表现不好为由，停止其行使选举权利。

19. 选民在原选区参加直接选举后调离，能否再参加新的行政区域的选举?

选民在原行政区域参加县乡直接选举之后，调动或迁移至另一行政区域，如果调入的行政区域即将开始县乡换届选举，仍可参加新的行政区域的县乡人大代表的选举。这同一次选举中选民只有一次投票权并不矛盾。

20. 出国人员，包括中国驻外使领馆人员、援外人员以及留学人员能否参加县乡人大代表选举？

按照我国选举的普遍性原则，出国人员，包括中国驻外使领馆人员、援外人员以及留学人员虽然不在国内，但仍然享有选举权和被选举权。出国期间在单位仍保留人事关系或劳动关系的人员，可以参加单位所在地的县乡人大代表选举，其他出国人员可以参加出国前居住地的县乡人大代表选举。出国人员在选举期间不能回原选区参加选举的，可以根据选举法第四十二条的规定，委托其他选民代为投票。

第六章　代表候选人的提出

1. 代表候选人的提名

代表候选人是投票选举之前按照法律规定的程序提出的供选民或者选举人投票时选择的人。代表候选人的提出，是代表选举的重要环节，对于保障选民的民主权利，选好人民代表，提高代表的参政议政能力，发挥代表作用有重要的意义。

根据选举法的规定，全国和地方各级人大的代表候选人，按选区或者选举单位提名产生，即凡是采取直接选举的方式选举人大代表的，应按选区提名产生代表候选人；凡采取间接选举方式产生人大代表的，应按选举单位产生人大代表候选人。由于选民或者代表对本选区或选举单位的情况比较了解，规定按选区或选举单位提名产生代表候选人，有利于广大选民或者代表把有代表性的并且具有一定的履职能力的代表候选人推荐出来，选出能真正代表人民利益，全心全意为人民服务的代表，同时也有助于代表候选人当选后联系选民或选举单位，接受本选区选民或原选举单位的监督。

根据选举法第三十条第二款的规定，各政党、各人民团体，可以联合或者单独推荐代表候选人。选民或者代表 10 人以上联名，也可以推荐代表候选人。推荐者，无论是政党、人民团体，还是选民或代表，应向选举委员会或者大会主席团介绍代表候选人的情况，如候选人的个人经历、工作表现及议政能力等。这些情况一方面作为推荐的理由，另一方面作为选举委员会或者主席团向选民或者代表介绍代表候选人情况的参考。代表候选人由选举委员会汇总后交各该选区选民讨论、协商，根据较多数选民意见确定正式代表候选人名单，必要时可以通过预选确定正式代表候选人名单。

采取直接选举的方式选举人大代表的，即选举县、乡人民代表大会代表，应按选区提名产生代表候选人。近些年，在县乡人大代表选举中，曾出现所谓“独立候选人”参选的问题。根据选举法的规定，我国的县乡人大代表候选人，只有由各政党、各人民团体和选民依法按程序提名推荐的“代表候选人”，经讨论、协商或经预选确定的“正式代表候选人”，不存在所谓的“独立候选人”，关于“独立候选人”的提法没有法律依据。

采取间接选举方式选举人大代表的，即选举全国人大代表和省、自治区、直辖市、设区的市、自治州的人大代表，应按选举单位提名产生代表候选人。选举单位是指在间接选举中，依法产生上一级国家权力机关组成人员的单位，如县级以上的各级人民代表大会都是选举单位。在解放军选举中，选举单位是军人代表大会。驻军应选的设区的市、自治州、省、自治区、直辖市人民代表大会代表，由团级以上单位召开军人代表大会选举产生；中央军委机关、大军区级单位的军人代表大会，选举全国人民代表大会代表；军人代表大会由选举委员会召集。在间接选举中，各政党、各人民团体，可以联合或者单独推荐代表候选人；代表 10 人以上联名，也可以推荐代表候选人。

推荐者应向选举委员会或者大会主席团介绍代表候选人的情况。接受推荐者应当向选举委员会或者大会主席团如实提供个人身份、简历等基本情况。提供的基本情况不实的，选举委员会或者大会主席团应当向选民或者代表通报。

实践中，各政党的各级组织是提名推荐代表候选人的重要主体，应当依法提名推荐，把好代表的政治关、素质关和结构关。提名推荐时应当充分发扬民主，广泛听取意见，反复酝酿协商，坚持民主集中制，将政治坚定、素质优秀的人选提出来，并为优化代表结构打下良好基础。人大代表是职务，不得将其作为荣誉进行分配，不得以资产规模大小、纳税数额多寡、社会知名度高低等代替代表候选人人选标准，更要防止利用提名推荐权收受贿赂，破坏选举。

2. 代表候选人的条件

我国的选举制度理论认为，选举权与被选举权是结合在一起的，二者同时存在，是统一的，有选举权就有被选举权，不存在财产、居住状况、文化程度、保证金等方面的资格限制。

为了使选出的人大代表真正能够代表人民行使国家权力，积极履职，推荐代表候选人，应当注意以下几个问题：一是推荐的代表候选人应当具有政治权利，享有选举权和被选举权。对于被剥夺政治权利的人，不得提名为代表候选人。二是推荐的代表候选人不得有接受境外提供的与选举有关的资助的情形。选举法第三十五条明确规定，公民参加各级人民代表大会代表的选举，不得直接或者间接接受境外机构、组织、个人提供的与选举有关的任何形式的资助。有前述情形的，不列入代表候选人名单；已经列入代表候选人名单的，从名单中除名；已经当选的，其当选无效。推荐者应当十分注意这一情况。三是推荐的代表候选人应当模范遵守宪法和法律。要防止有涉黑涉恶、参与邪教活动等违法行为的人或品行恶劣的人被推荐为代表候选人，一经发现，必须妥善做好工作，由推荐者及时撤回提名。四是提名推荐代表候选人，应当注意优化代表结构。要保证来自基层的工人、农民、知识分子在代表中占有适当比例，有适当数量的妇女代表。少数民族代表和归侨代表要按照法律的规定予以保证。连任的人大代表要占有一定比例。五是提名的代表候选人应当具有履职的素质和能力。提名推荐代表候选人要综合考虑上述对代表的要求。

虽然法律对代表候选人和代表本身没有财产、素质等方面的硬性要求，但是各方面在推荐提名时，应当注意选择推荐的代表候选人能够密切联系群众，在本职工作中发挥带头作用，自觉遵守社会公德，廉洁自律，公道正派，勤勉尽责，具备履职意愿和履职能力，具有良好社会形象，得到群众广泛认同。避免将正在服刑的、有违纪违法问题正在接受处理的、品行不端造成不良影响的人推荐出来。

实践中，有的地方提出，已经办理离、退休手续的人可否被推荐为人大代表候选人问题。根据选举法的规定，凡年满 18 周岁的中国公民，不分民族、种族、性别、职业、家庭出身、宗教信仰、教育程度、财产状况和居住期限，都有选举权和被选举权。已经办理离、退休手续的人只要依法享有选举权和被选举权，都可以被推荐为人大代表候选人。

3. 各政党、各人民团体推荐代表候选人的方式

根据选举法的规定，各政党、各人民团体，既可以联合提出代表候选人，也可以单独推荐代表候选人。在实践中，一般采取联合提名的办法，即中国共产党、各民主党派和各人民团体经协商共同提出代表候选人。这种办法便于统筹考虑代表的结构比例，平衡各方面的要求，具有较强的可操作性，效果也好。

各政党、各人民团体的哪一级组织可以推荐代表候选人，选举法没有明确规定。在直接选举中，一般采取上下结合的办法，选举乡级人大代表时，乡级的政党和人民团体可以推荐代表候选人；选举县级人大代表时，县级和乡级的政党和人民团体可以推荐代表候选人；同时，选区内的政党和人民团体可以推荐代表候选人。在间接选举人大代表时，中央和省级的政党和人民团体可以推荐全国人大代表的候选人。省、自治区、直辖市和设区的市、自治州以及县一级的政党和人

民团体可以推荐省、自治区、直辖市和设区的市、自治州的人大代表候选人。

4. 提名推荐代表候选人的人数要求

各政党、各人民团体联合或者单独推荐的代表候选人的人数，每一选民或者代表参加联名推荐的代表候选人的人数，均不得超过本选区或者选举单位应选代表的名额。如本选区应选 2 名代表，根据选举法第三十一条关于差额选举的规定，代表候选人的人数应为 3 名至 4 名。但推荐者所推荐的候选人的人数最多只能为 2 名，不能为 3 名及以上。

直接选举县、乡人大代表时，推荐的代表候选人不限于本选区选民，但应是本行政区的选民。选举本选区以外的本行政区的选民为代表，选举结果有效。同一选民在两个选区同时当选的，应确定其在一个选区当选。

5. 接受推荐的候选人应当如实提供自己的基本情况

接受推荐的候选人，应当向选举委员会或者大会主席团如实提供个人身份、简历等基本情况。个人身份包括国籍，是否拥有国（境）外永久居留权、长期居留许可，是否在其他地方已担任人大代表职务等。要求接受推荐的代表候选人明确本人是否取得了外国国籍，是与选举的严肃性密切相关的。我国国籍法第九条规定："定居外国的中国公民，自愿加入或取得外国国籍的，即自动丧失中国国籍。"根据选举法第四条的规定，只有中华人民共和国的公民，才享有选举权和被选举权。中国公民一旦获得外国国籍就不再享有中华人民共和国的选举权和被选举权。获得外国永久居留权的中国公民，情况相对复杂，他们并没有丧失中国国籍，也还依法享有选举权和被选举权，但是由于他们常年旅居国外，难以充分履行代表职务。选民和代表有权了解被推荐者的这些情况，以便选举时作充分考虑。鉴于推荐代表候选人是选举的初始阶段，相关情况由被推荐者告知选举委员会或者大会主席团，由它们依照有关法律规定进行处理。如果代表候选人提供的基本情况有不实内容的，选举委员会或者大会主席团作为负责主持选举的机构，应当向选民或者代表通报有关情况，以保证选民或者代表根据真实的信息作出判断选择。对候选人提供的个人情况，选举委员会或者大会主席团有责任进行了解核实。候选人提供的基本情况不实的，选举委员会或者大会主席团应当向选民通报。

需要注意的是，选举法将如实提供个人基本情况的主体规定为“接受推荐的代表候选人”，而不是所有被推荐的代表候选人。因为当被推荐的代表候选人明确表示不接受推荐时，就表示没有被选举为代表的主观愿望，在这种情况下要求他们提供个人相关情况，不尽合理，也可能导致个别选民滥用知情权，侵犯被推荐人的隐私权的情况发生。

6. 关于被推荐者不接受提名

选民或代表 10 人以上联名提出的候选人，法律没有规定是否要征求被提名者的意见。如果被提名者不接受提名，表示不当候选人时，可做提名者的工作，说明理由，提名者应尊重被提名者的意见。如果提名者同意撤回，可以不列入候选人名单。如果提名者坚持要提，仍应列入候选人名单，但要向代表、选民说明被提名者不同意当候选人。

7. 人大代表的差额选举

根据选举法的规定，全国和地方各级人大代表候选人的名额，应多于应选代表的名额，即要进行差额选举。差额选举是保证选民能更好地按自己的意志选择代表的重要方式。差额选举是我国选举法的一项基本原则，在选举全国和地方各级人大时，都要严格按照法律规定的差额比例实行差额选举，不能以任何借口不实行差额选举。否则，依照法律规定，该选举结果无效。

我国实行的差额选举，不是无限制的，而是规定了一定的幅度。规定差额幅度，一方面要考虑到让选民有较为充分的选择余地，另一方面不能使差额幅度过大，使候选人太多，选票过于分散，导致选举不能成功。

由于我国实行直接选举和间接选举两种方式，根据这两种选举方式的不同特点，差额幅度也有所不同。直接选举中，每一选区只能选出 1 名至 3 名代表，选出的代表数额不多，如果差额比例太少，选民选举代表候选人的余地就会受到限制，不利于充分发扬民主。因此，选举法规定，直接选举中，代表候选人名额应多于应选代表名额三分之一至一倍。如果某选区要选代表 2 人，那么该选区正式代表候选人应该是 3 人或 4 人。间接选举是以一级人大为单位进行的，应选的代表名额比较多，即使差额比例少一些，也可以保证有一定数量的差额人数，使代表投票时有充分选择的余地，同时还可以避免因票数过于分散而导致不必要的重新选举和另行选举。因此，根据选举法的规定，间接选举正式代表候选人的名额应多于应选代表名额的五分之一至二分之一。

由于选举法规定的差额是一个比例，实践中，选举委员会或者大会主席团一般在具体的选举办法中，确定一个具体的差额数。但实践中往往会出现各方面推荐的代表候选人多于选举办法规定的差额数的情况。如果所提代表候选人的人数超过选举法规定的最高差额比例，在直接选举中由选举委员会交各该选区的选民小组讨论、协商，根据较多数选民的意见，确定正式代表候选人名单；在间接选举中应当按照选举法第三十二条的规定进行预选。如果所提代表候选人的人数未超过选举法规定的最高差额比例，则直接进行投票选举。

8. 直接选举中确定正式代表候选人的方式

在直接选举中，最初推荐的代表候选人通常比较多。在这种情况下，如果把所有的候选人都列为正式代表候选人，进行投票选举，选票必然很分散，很难依法选出代表。因此，选举法规定了确定正式代表候选人的制度。根据选举法第三十二条的规定，直接选举中，正式代表候选人的确定包括三个环节：

（1）公布初步代表候选人名单。各政党、各人民团体以及选民 10 人以上联名，提出初步代表候选人后，选举委员会要在汇总各方面的情况后，在选举日的 15 日以前公布初步候选人名单。

（2）正式代表候选人的确定。正式代表候选人的确定有三种情况：一是经过讨论、协商直接确定正式代表候选人。选区选民和各政党、各人民团体提名推荐的候选人，在规定的差额幅度内，也就是提出的候选人没有超过应选人数的三分之一到一倍，经选区选民小组讨论、协商，直接确定为正式代表候选人。从以往的选举实践来看，这种情况比较少。二是根据较多数选民的意见，确定正式代表候选人名单。实践中一般通过"三上三下"的办法。即首先，由选举委员会将推荐的代表候选人汇总，经审查后予以公布（一上），然后交各选民小组讨论（一下）；其次，汇总选民小组讨论情况，召开选民小组长或选民代表会议，介绍各选民小组讨论情况，并进行协商，缩小候选人范围（二上），向选民介绍各选民小组讨论的情况和选民小组长或选民代表会议协商的情况，听取选民意见（二下）；最后，将协商情况和选民对协商结果的意见上报选举委员会，选举委员会根据较多数选民的意见，确定正式代表候选人名单（三上），按选区公布正式代表候选人名单（三下）。对于一些意见分散的选区，有的还增加了协商和征求意见的环节。在这个过程中，最关键的是要把握好"较多数选民的意见"。要充分发扬民主，认真听取并尊重选民的意见，不能采取由领导指派，或者由上级硬性指定代表候选人的做法，确保候选人是较多数选民所赞同的。三是通过预选确定正式代表候选人名单。所提代表候选人人数超过选举法规定的最高差额比例，经讨论、协商仍不能对正式候选人形成较为一致意见的，进行预选，根据预选时得票多少的顺序，确定正式代表候选人名单。

（3）公布正式代表候选人名单。正式代表候选人名单确定后，选举委员会应在选举日的7日以前公布。这是为了让选民在正式投票选举以前，对正式代表候选人充分了解和掌握情况，有一个考虑选择的时间。

实践中，有的地方提出，选民名单和代表候选人名单的公布时间可否在法定期间之前？选举法规定，选民名单应在选举日的20日以前公布，代表候选人名单应在选举日的15日以前公布，正式代表候选人名单应在选举日的7日以前公布。根据上述规定，选民名单和代表候选人名单可以在法定日期前公布。

9. 间接选举中确定正式代表候选人的方式

间接选举的代表候选人由各政党、各人民团体和代表联名提出。与直接选举不同的是，间接选举中确定正式代表候选人的程序是在召开代表大会的过程中完成的，在时间安排上比较紧张，选举法第三十二条第二款规定的程序也比较紧凑。具体有以下环节：

（1）提名、酝酿代表候选人。为了保证有充分的时间提名、酝酿代表候选人，选举法规定了在间接选举中，提名、酝酿代表候选人的时间不得少于2天。也就是说，从大会宣布各政党、各人民团体和代表联名提出代表候选人开始到投票选举这段时间不得少于2天。这一规定并不是说大会会议必须把两个整天全部用于提名、酝酿代表候选人，在这期间，大会还可以穿插安排一些其他议程。如大会在某月1日宣布开始提出代表候选人，那么其投票选举至少应当在该月3日及以后，中间可以穿插安排审议政府工作报告、常委会工作报告、“两院”报告等其他议程。

（2）印发代表候选人名单及其基本情况。一般来说，各政党、各人民团体在会议开始前已经酝酿准备了代表候选人，人大进入选举程序后，大会主席团应尽早将这一名单印发全体代表，供代表酝酿和讨论。这样也可以避免代表联名提出的代表候选人与政党、团体提出的候选人重叠。由于多数代表联名推荐候选人是在大会会议开幕后，大会主席团在大会开始时印发全体代表的代表候选人名单，并不包含代表联名推荐的候选人名单。因此，大会主席团应将代表联名推荐的候选人名单及时印发全体代表，供酝酿、讨论。

（3）确定正式代表候选人。经过充分的酝酿、讨论后，有两种情况：如果所提候选人的人数符合选举法规定的差额比例，即代表候选人多于代表名额五分之一至一倍，直接进行投票选举；如果所提候选人的人数超过最高差额比例，应当进行预选，根据预选时得票多少的顺序，按照本级人大选举办法确定的具体差额比例，确定正式代表候选人名单。这里需要注意的是，预选只是以投票的方式来产生符合大会选举办法规定的正式代表候选人人数，并不是正式的选举，因此对在预选中被确定为正式代表候选人的得票数，没有绝对的得票数要求，只要按得票数的多少由高到低确定正式代表候选人即可。在预选后确定的正式代表候选人名单，应根据预选时得票多少的顺序排列，不宜根据其他的顺序；在正式进行投票选举时，应进行差额选举，那种认为预选时已经进行了差额选举，预选后就可以进行等额选举的做法是不符合法律规定的。

10. 代表候选人名单公布后一般不再提名新的代表候选人

选举法第三十二条规定：由选民直接选举的人大代表候选人，由各选区选民和各政党、各人民团体提名推荐。选举委员会汇总后，将代表候选人名单及代表候选人的基本情况在选举日的15日以前公布。全国人大常委会《关于县级以下人民代表大会代表直接选举的若干规定》第十条第二款规定：“选民和各政党、各人民团体推荐的代表候选人都应当列入代表候选人名单，选举委员会不得调换或者增减。”根据上述规定，公布第一轮代表候选人名单后，一般不应再提新的代表候选人。

11. 选举中进行预选的条件和程序

预选，是在选举中确定正式代表候选人的一种方式。选举法规定，在选举中各方面提出的代表候选人较多，难以确定正式代表候选人时，按照差额名额进行预先选举，根据预选时得票多少的顺序，确定正式代表候选人。1979 年选举法规定了预选方式，1986 年修改选举法时删去了预选的规定。后来又有一些地方提出，没有预选程序，在对代表候选人意见分歧比较大的选区，不好确定正式代表候选人。1995 年修改选举法时重新规定了预选程序。

预选有一个显著特点，即预选不是确定正式代表候选人的必经程序，只有在对正式代表候选人不能形成较为一致意见的情况下，才有必要启动预选。在具体适用上，直接选举和间接选举稍有不同。在直接选举中，如果各方面所提代表候选人超过选举法规定的最高差额比例，则应先由选民小组讨论、协商，根据较多数选民的意见，确定正式代表候选人名单；难以形成较为一致意见的，才进行预选。而在间接选举中，一旦所提代表候选人的人数超过选举法规定的最高差额比例，直接进行预选，而无须再经代表讨论、协商。

关于预选的具体程序，选举法未作规定，给各地在选举实施细则中作出具体规定留出了空间。预选不同于正式选举，可以参照正式选举的程序适当简化，但必须保证预选的公正、公平。经过预选确定的正式代表候选人名单，也应当符合选举法规定的差额比例，不能因为预选时已经进行了差额选举，就在正式选举中适用等额选举。

12. 间接选举产生的人大代表，代表候选人不限于下一级人大代表

根据选举法的规定，县级以上的地方各级人大在选举上一级人大代表时，代表候选人不限于各该级人大的代表。也就是说，县级以上的地方各级人大在选举上一级人大代表时，其代表候选人可以是该级

人大的代表，也可以不是该级人大的代表。这样规定的原因，一方面，如果间接选举产生的人大代表仅限于各该级人大代表，就难以保证人大代表的广泛性，也会限制其他公民被选为上一级国家权力机关代表的权利。另一方面，各级人大是各该级行政区域内的国家权力机关，审议、决定该行政区域重大问题，任务繁重，并且要求各不相同。人大代表应具有相应的参政议政能力，也需要有履行代表职务的时间，一人同时兼任几级人大代表职务，精力和时间上也难以保障。

13. 介绍代表候选人的渠道

根据选举法第三十条、第三十四条的规定，介绍代表候选人有三种渠道：

（1）推荐者介绍候选人。这其中又有两种情况：一是推荐时向选举委员会或大会主席团介绍代表候选人的情况，介绍的主要目的是让选举委员会或者大会主席团了解候选人的基本情况，如是否具有选民资格，是否能够列入初步候选人名单；二是在所提候选人列入初步候选人名单后，在选民小组或代表小组会议上介绍所推荐的代表候选人的情况，以便选民小组或代表小组酝酿、讨论，确定正式代表候选人名单。

（2）选举委员会或大会主席团向选民或代表介绍代表候选人的情况。对于正式代表候选人的介绍，主要任务落在选举委员会或大会主席团的身上。选举委员会或大会主席团要积极、主动地介绍代表候选人的情况。

（3）代表候选人与选民见面，回答选民的问题。这一形式是2004年修改选举法时增加的，并在2010年修改选举法时作了补充。一些地方反映，过去介绍代表候选人的情况过于简单，不少选民对代表候选人的情况不够了解，而增加代表候选人与选民见面的形式，效果不错。但法律对在何种情况下需要组织见面，见面的形式是什么等问题，没有作出规定，容易导致对代表候选人情况的介绍不够详细，选民没有获得充分的信息，影响见面效果，从而影响选民投票积极性。为强化见面制度，2010 年修改选举法时，将有关代表候选人与选民见面的规定修改为“选举委员会根据选民的要求，应当组织代表候选人与选民见面，由代表候选人介绍本人的情况，回答选民的问题”。

14. 介绍代表候选人的方式

代表候选人是由各方面提名推荐的。被推荐的代表候选人，选民或代表不一定都熟悉。在直接选举中，有些代表候选人，由于他们工作岗位的局限，和其他单位群众接触的机会不多，甚至根本没有什么直接接触。在间接选举中，代表候选人不限于本级人大代表，来源更加广泛。这样，很可能有很多选民或代表对候选人情况缺乏了解，尤其是直接选举中的联合选区，这个问题更为突出。因此，通过宣传、介绍代表候选人的情况，可以使选民或代表了解候选人，更好地进行比较、选择，好中选优，选出满意的人选。

我国选举法第三十四条规定：“选举委员会或者人民代表大会主席团应当向选民或者代表介绍代表候选人的情况。推荐代表候选人的政党、人民团体和选民、代表可以在选民小组或者代表小组会议上介绍所推荐的代表候选人的情况。选举委员会根据选民的要求，应当组织代表候选人与选民见面，由代表候选人介绍本人的情况，回答选民的问题。但是，在选举日必须停止代表候选人的介绍。”

介绍代表候选人是增加选举的吸引力，保证选举成功的重要环节，依照有关法律规定和选举工作的实践经验，宣传介绍代表候选人应注意以下几个方面的问题：

一是要严格按照法律的规定，在选举委员会的统一安排下进行。

二是必须如实宣传介绍。对候选人的宣传介绍，是一项很严肃的事情，任何个人和组织必须以事实为根据，反对弄虚作假，要一视同仁，不带有任何倾向性，以便于通过宣传介绍使选民对代表候选人真正做到知名、知人、知情，按照自己的意愿确定人选。

三是介绍内容要充实，方法要多样，使选民了解到真实情况。实践中有些介绍非常简单，只有候选人的一个简历，选民难以全面了解情况。

四是在选举日必须停止对代表候选人的介绍。向选民或代表介绍候选人的情况，有助于选民或代表对候选人的了解，以便更好地在候选人之间进行充分比较，选出自己满意的人选。但是，如果不分场合，甚至在投票选举时也不停地宣传，就可能使得本来出于让选民或代表了解情况的宣传介绍，变为左右选民或代表投票行为的攻势，这不仅会妨害选民或代表真实意愿的表达，而且容易造成选举秩序的混乱。为此，选举法规定，在选举日必须停止对代表候选人的介绍。

15. 公民在参加各级人大代表的选举时不得接受境外资助

选举法第三十五条第一款规定，公民参加各级人大代表的选举，不得直接或者间接接受境外机构、组织、个人提供的与选举有关的任何形式的资助。根据这一规定，只要是参加人大代表选举的公民，包括接受推荐提名为代表候选人的公民、直接选举中的选民、间接选举中的代表，都不得接受境外任何形式的资助。境外资助，是指由境外的机构、组织、个人提供的各种形式的资助，这种资助与选举有关，即以促成本人或者他人当选人大代表为目的的资助行为。资助的表现形式是多种多样的，既包括资金资助，也包括提供培训和提供印刷品、宣传册、场所、设备、人员等其他各种资助行为。“直接或者间接”是指资助来源的多样性，不仅包括直接由境外机构、组织、个人提供的资助，也包括由第三方提供但来源于境外机构、组织、个人的资助。

根据选举法第三十五条第二款规定，有接受境外资助的，区分选举的不同阶段，承担相应的法律后果：（1）如果尚未确定代表候选人名单，不列入代表候选人名单；（2）如果已经确定代表候选人名单，而此人又在名单之列，选举委员会或者大会主席团应当决定将其从代表候选人名单中除名；（3）如果此人已经当选为人大代表，则应属于当选无效的违法行为，代表资格审查委员会应当根据选举法第四十七条的规定认定其当选无效，并报本级人大常委会或者乡镇人大主席团确认。

规定被认定接受境外资助参选的人不能成为代表候选人，或者其当选无效，对于维护国家安全，保障人民当家作主具有十分重要的意义。因此，在换届选举工作中，要站在维护国家安全的高度，做好有关工作。在对代表候选人进行考察、审查时，要把好代表入口关，坚持人选标准，代表候选人应当忠于祖国、忠于人民。选举委员会或者大会主席团应要求接受推荐的代表候选人如实提供其身份、简历等基本情况并严格核实。这些情况应当包括本人是否接受过境外机构、组织、个人提供的与选举有关的资助等情况，坚决防止把严重损害国家和人民利益，与敌对势力相勾结或者接受境外资助的人被推荐提名为人大代表候选人或者当选为人大代表。

第七章　选举程序

1. 直接选举时，由选举委员会主持投票选举

由于选举投票是一项严肃的政治活动，所以投票活动应当有专门的组织或者机构负责主持和办理具体事务。根据选举法第九条、第十一条的规定，由选民直接选举人大代表时，投票选举由选举委员会主持。

2. 间接选举时，由各该级人大主席团主持投票选举

县级以上的地方各级人大选举上一级人大代表，都是在本级人民代表大会会议上进行的，选举人大代表是县级以上地方各级人民代表大会会议的一项重要议程。人民代表大会举行会议的时候要选举主席团主持大会，因此，根据选举法第三十九条的规定，县级以上地方各级人大在选举上一级人大代表时，由各该级人大主席团主持投票选举。

3. 投票选举前需要做好准备工作

在选举日之前，需要做好投票的各种准备工作，包括投票站和选举大会会场的布置，各种票箱的制作，选票的移送，确定发票处和写票处的位置等。

4. 直接选举时要做好选票的发放

我国在直接选举中是以纸制选票的方式进行的。根据选举法第三十七条的规定，在选民直接选举人大代表时，选民根据选举委员会的规定，凭身份证或者选民证领取选票。选民领取选票，或者说选票的发放，是选举中的一个重要环节，必须认真对待。直接选举和间接选举不同，选民人数多，投票时间持续长，通常在选举日的工作时间内都是可以投票的，因此不可能一次性发放选票。一般是选民分别领取选票，然后写票、投票。为了保证选票有条不紊地发放，防止错发、漏发、重发，选民必须凭身份证或者选民证领取选票。至于是凭身份证，还是凭选民证领取选票，由选举委员会根据当地的具体情况决定。无论是凭身份证，还是选民证，都要做好登记核实工作，保证准确无误。选民如果在选举期间外出，经选举委员会同意，可以书面委托其他选民代为投票。

5. 依法确定选举日

选举日就是由选民投票直接选举人大代表的日期，也是进行选民登记时依法确定选举年龄的截止日期。投票日对选民投票选举具有法律意义。选民只有在规定的投票日进行投票，其投票行为才具有法律效力，否则，选民将失去投票的权利。

选举日的确定应依法进行。按照选举法的规定，选举日必须定在选民名单公布之后的 20 日，在初步代表候选人名单公布后的 15 日，确定正式代表候选人并公布名单之后的 7 日。选举日的确定，还应考虑方便选民参加投票选举活动，比如尽量避开农忙季节，选择生产间隙为宜。选举日一经确定，某一区域范围内的各选区都应遵守，并应将选举日、投票地点等向选民公布，以便选民做好准备，保证按时参加选举。

6. 直接选举中选民投票的场所有三种

投票场所是选民进行投票的地方。由于选民投票是一项非常严肃的政治活动，各国一般都规定投票必须在选举主持机构指定的场所进行。根据我国选举法第三十八条的规定，直接选举中选民投票的场所有三种：即设立投票站、召开选举大会和设立流动票箱。其中设立投票站是最主要的方式，召开选举大会是辅助方式，以流动票箱投票是特殊的补充方式。我国地域辽阔，各地的情况比较复杂，规定三种形式，可以使各地根据各自的情况进行安排，从而方便选民投票，保证选举工作的顺利进行。设立投票站进行投票，选民容易掌握投票时间、地点，参加投票比较方便；召开选举大会进行投票，形式隆重、气氛热烈，是一种很好的宣传教育形式。选举委员会应当按照方便选民就地就近投票的原则设立投票站，在农村选区可以以自然村或者村民小组为单位设立投票站。选民居住比较集中的选区，可以召开选举大会进行选举。选举大会要注意选择好会场，简化不必要的程序。

7. 应加强对流动票箱的管理

流动票箱是 1995 年第三次修改选举法时增加的投票形式，2010 年第五次修改选举法时，对此进一步作了细化规定，将流动票箱限于特殊情况下的安排，主要是为了方便部分行动不便或者交通不便的选民投票而设计的，选举委员会可以派工作人员带流动票箱到选民的住地让他们投票，保证他们行使选举权。流动票箱是一种特殊的投票形式，由于其流动性的特点，监管难度比较大，因此，要加强对流动票箱的管理。

（1）流动票箱只能作为选民投票的一种特殊的补充形式，不能作为主要形式。流动票箱只能向因患有疾病等原因不能到投票站投票或者参加选举大会投票的人员开放，或者是在选民居住分散且交通不便的地方设立。

（2）流动票箱应当由选举委员会统一制作，事前必须由监票员在选举大会或者投票站验箱，加封上锁；使用时须有 2 名以上监票人员负责；在流动票箱投票的选民，由选举委员会登记造册，本人在登记册上签名或盖章；投票过程中，选举工作人员应注意尊重选民民主权利，不能围观选民填写选票，以保证选民在秘密状态下写票，投票也要由选民亲自进行，工作人员一般不能代写、代投；投票结束后，由监票人封好投票口并签名。

（3）流动票箱的选票要和投票站或者选举大会的选票一起，在监票员、计票员以及有关人员在场的情况下，同时开箱，一并计票。

（4）对在选举日不能到选举大会或者投票站参加投票的，需要选举委员会派工作人员带着流动票箱登门接受投票的，其家属或者亲友应事先告知选举委员会，选举委员会应作出相应安排。

8. 选举人大代表时采用无记名投票方法

无记名投票也叫秘密投票，是指投票人在投票时，在选票上不注明自己的姓名，由自己亲自填写，而且可以在秘密写票处填写选票，并由自己亲自投进票箱的一种投票方法。我国人大代表的选举，一律采用无记名投票的方法，不得采用鼓掌通过或起立、举手等表决形式。采用无记名投票的方式，比记名投票的方式更民主，投票人可以不受外界的干扰，自由表达自己的意愿。

9. 做好选民写票的服务工作，确保选民自由地、自主地表达自己的意愿

采用无记名投票的方法，就应当做好选民写票的服务工作，尊重选民的民主权利，坚持秘密原则，确保选民自由地、自主地表达自己的意愿。因此，要根据选举法的需要设立秘密写票处；选民填写选票时，

任何组织和个人都无权干涉，避免出现选举工作人员干扰选民写票的行为，如观看选民写票，对选民填写选票作出暗示，指点选民投某位候选人的票，代写选票时不尊重或者违背选民意见等。

10. 委托他人代写选票应符合两个条件

选举法规定，选民如果是文盲或者因残疾不能书写选票的，可以委托他信任的人代写。委托他人代写选票必须符合两个条件：一是委托人不具备填写选票的条件，如委托人是文盲或者因残疾不能书写的人；二是接受委托的人必须是委托人所信任的人，委托人可以委托自己的亲属、朋友、同事和任何自己信任的其他选民代自己书写选票。代写选票的规定，是为了使不能填写选票的选民也能行使选举权，因此，选举委员会要为他们写票提供帮助。

11. 选民投票选举时应当注意几个问题

投票选举是选民直接选举人大代表的最后程序，组织好投票选举，对于选举成功具有标志性意义。投票时应注意下列问题：（1）投票人在进入投票站或者选举大会会场后，要听取工作人员宣讲投票注意事项，遵守投票纪律。（2）在领到选票后，要检查选票是否清楚，是否加盖印章，如果不清楚或者未盖章，应及时报告更换选票。（3）在书写选票前，要弄清应选名额；要按规定办法写票、投票；书写选票要清楚，注意不要超过应选名额或者书写不清。（4）选民写票时，不应有不规范的写票行为，如进入写票处观看其他选民写票；随便替其他选民写票。

12. 投票人在填写选票时可以作出四种选择

投票人在拿到选票后，根据应选名额，在完全自愿的原则下，选择决定应选人。根据选举法第四十一条的规定，投票人在填写选票时可作出四种选择：选举人对于代表候选人可以投赞成票，可以投反对票，可以另选其他任何选民，也可以弃权。

13. 投票人应当正确地划票

投票人要按规定的画票符号划票。例如，赞成票，在赞成人姓名旁的方格内画“○”；反对票，在其姓名旁的方格内画“×”；弃权票，即对选票中所列代表候选人名单不作任何标记，既不表示赞成也不表示反对。对于选票上的代表候选人，选民可以按应选名额全部赞成，或者部分赞成；也可以部分反对，或者全部反对。凡对选票上的全部或者部分候选人名单画“×”者（应超出差额数），可另选其他选民。对另选的其他选民，须按规定将其姓名写在选票的空格内，并在其姓名旁的方格内画“○”。对不投票的行为，选举法没有明确加以限制，任何人不得强迫选民投票或者追究弃权者，但可以教育选民珍惜自己的民主权利。

14. 选举时可以委托投票，但应符合几个条件

选举是公民行使民主权利的最直接形式。选民一般都应在选举日携带选民证亲自去参加投票活动。如果因客观情况，不能亲自参加选举，可以委托他人代为投票，作为一种补救性措施。我国关于委托投票是1979年修改选举法时规定的。1986年修改选举法时，进一步限定了委托投票的人数。2010年修改选举法时，又增加规定被委托人应当按照委托人的意愿代为投票。鉴于委托投票的特殊性，对其使用必须严格掌握。根据选举法第四十条和第四十二条的规定，委托投票应符合以下五个条件：第一，委托投票的原因是选民在选举期间外出不能亲自参加选举，而不能因为其他原因，如选民因患有疾病行动不便，或者居住分散且交通不便，可以在流动票箱投票；选民如果是文盲或者因残疾不能写选票的，可以委托他人代写选票，而不适用委托投票。第二，

委托必须以书面的方式。委托人必须书写委托书，写明委托何人代为投票，被委托人凭委托人的委托书代其投票，如果仅凭口头委托，则委托无效。第三，被委托人必须是经过选民登记，确认具有选举权的中国公民。如果委托没有选民资格的人代为投票，则委托无效。第四，每一选民接受的委托不得超过 3 人。第五，委托他人代为投票，必须经选举委员会同意。另外，为保证选举的真实性，在进行委托投票时，被委托人应当按照委托人的意愿代为投票，而不能按照自己的意愿代为投票。

15. 做好监票人、计票人的推选工作

为保证选举公正，在组织投票前，要进行监票、计票人员的推选。在直接选举中，一般由各选民小组推选他们信任的人员为监票和计票人员。在间接选举中，由各代表团推选若干名监票人和计票人，一般主席团要在监票人中指定 1 名或 2 名总监票人，大会秘书处还在工作人员中指定计票工作人员参加核算选票工作。总监票人和监票人在主席团领导下，对发票、投票、计票工作进行监督。

为保证计票的公正性，2010 年修改选举法时增加了对选举工作中监票人、计票人实行回避的内容，规定，"代表候选人的近亲属不得担任监票人、计票人"。这里的"近亲属"，根据有关法律的规定，是指夫、妻、父、母、子、女、同胞兄弟姊妹。亲属关系在法律和道义上，都相互具有一定的权利和义务关系。这种权利和义务关系，在家庭生活中表现为相互抚养的权利和义务；在一般的事情上表现为比他人更为密切的合作与支持；在工作上，往往表现为互相提携、互相支持。所以，在推选监票人、计票人时，对有亲属关系的人，作出一定的限制，力求克服或者防止计票工作中出现任人唯亲、相互利用甚至徇私舞弊的弊端。亲属关系的范围是十分广的，但考虑到除近亲属关系之外，其他的亲属关系相对较远，因此，选举法没有把其他的亲属纳入必须回

避的范畴之内。但按照法律规定的精神，亲属关系中的祖父母、外祖父母，孙子女、外孙子女，不同辈的叔、伯、姑、舅、姨与侄（女）、甥（女），以及有姻亲关系的人，也不宜担任监票人、计票人，因为他们可能会影响到计票的公正性。根据选举法第四十三条的规定，在推选监票人和计票人时，要避免推选代表候选人、代表候选人的近亲属、与代表候选人有其他亲属关系的人做监票人、计票人。

16. 统计核算选票必须准确

投票结束后，要对选票进行统计核算。对选票的统计核算必须准确，这是保证选举公正性的重要环节。在监票员监督下，由计票人员当众开箱，对票箱内选票清点核实，准确地计算候选人和另选人得票数，作出正式笔录，并由监票、计票人员签字，它是确定选举是否有效的依据。统计核算选票要注意以下几个问题：

（1）查验发出的选票总数和开箱取出的选票总数，确认选举是否有效。

（2）确定选票上所列正式代表候选人和另选人的得票数。对于每张选票也需要确定是否有效：有效票即赞成人选数和应选人数相等或者少于应选人数；废票即赞成人选数超过应选名额，或者模糊不清无法辨认，或者全部都未按规定的符号填写的选票；弃权票即全部选票均未作任何标记。需要注意的是，如果在一张选票上，所标明的赞成人选未超过应选名额，且又有部分符号不清，无法辨认，部分未标明符号，此种情况应按部分赞成、部分作废、部分弃权处理，而不要把整张选票作废。

（3）在逐个统计代表候选人和另选人的得票数时，作为一次投票选举，个人得票最高的不得超过收回选票的总数；所有代表候选人和另选人的得票数总和也不应超过收回选票的总数乘应选人数的积。如出现上述超过的现象，则应重新核对计票。

17. 确认选举有效的两个标准

选举是否有效，要严格依据选举法第四十四条、第四十五条的规定作出认定，其标准有两个：

一是每次选举所投的票数，多于投票人数的无效，等于或者少于投票人数的有效。因为如果从票箱里取出的选票，多于发出的选票总数，这意味着有人多投了票、投了假票，或者有其他舞弊行为，所以选举应当无效。如果从票箱里取出的选票少于发出选票的总数，可能有人领票后未投票，但不影响选举有效。如果开箱后取出的选票和发出的选票相等，表明无人多领票，领票人全都参加了投票，选举自然有效。

在计算选票时，每一选票所选人数，多于应选代表人数的作废，等于或者少于应选人数的有效。在选举中，应选代表名额是确定的，如果选票上所选的人数多于应选代表名额，那么在计票中就无法判断该张选票究竟要选谁为代表，因此该张选票只能作废票处理。

二是直接选举时，选区全体选民的过半数参加投票，选举有效；不足半数的选民参加投票，选举无效。过半数的选民包括直接参加投票的选民和依法委托代为投票的选民。

对于选举是否有效，只能以上述两个标准认定，不能以选出的代表不符合结构比例或者其他理由宣布无效。选举是否有效，由选举委员会或者大会主席团根据选举法确认公布。

18. 确认代表候选人当选的情况

根据选举法第四十五条第一款、第二款的规定，在选民直接选举人大代表时，代表候选人获得参加投票的选民过半数的选票时，始得当选；县级以上的地方各级人大在选举上一级人大代表时，代表候选人获得全体代表过半数的选票时，始得当选。

其中有两种特殊情况：一是获得过半数选票的代表候选人的人数超过应选代表名额时，以得票多的当选，也就是说并不是获得过半数选票的候选人都必然当选。其中，如果获得过半数选票的候选人数超过应选代表名额，并且票数相等不能确定当选人时，还应当就票数相等的候选人再次投票，以得票多的当选。这时不要求必须获得参加投票的选民的过半数选票，因为他们在前一轮选举中已经获得了过半数的选票，这一次投票只是确定他们谁的得票数更多。二是如遇有获得过半数选票的当选代表的人数少于应选代表名额时，不足的名额另行选举。“获得过半数选票的当选代表的名额少于应选代表的名额”，既包括应选代表名额没有选满，也包括一个代表名额也没有选出的情况，即所有的候选人所得选票均未超过半数时，也要另行选举。

当选是否有效，由选举委员会或者大会主席团根据选举法确认公布。为了提高选举工作的透明度，接受人民群众的监督，选举结果宣布后，选举委员会或者人民代表大会主席团还要在本选区或者选举单位范围内向社会公布选出的代表名单。

19. 再次投票与另行选举的区别

再次投票，是指在选举中，代表候选人如果获得与会选民或者代表过半数选票，但因票数相等，不能确定当选人时，就票数相等的部分代表候选人所进行的重新投票，以决定最终当选者。

另行选举，是指在选举中，获得过半数选票的当选代表的名额少于应选代表的名额时，就不足的名额进行的选举。另行选举时，不重新酝酿讨论提出代表候选人，应根据在第一次投票时得票多少的顺序，按照法定的差额比例确定代表候选人名单。实践中，对于有的非代表候选人得票多于正式代表候选人，在另行选举时，应当将其列入另行选举的正式代表候选人名单。

再次投票和另行选举的区别在于：再次投票是在已获得了选民或者

全体代表过半数选票，但得票数相等，不能确定当选人的情况下进行的再次投票；另行选举，是应选名额未选满，就不足名额进行另行投票选举。此外，再次投票对得票数没有限制，以得票多的当选；而另行选举对得票数则有一定的要求，在直接选举中候选人以得票多的当选，但是得票数不得少于选票的三分之一，当选要求低于第一次投票时的当选要求。因为有些选区选票比较分散，强调一律过半数，难以选出代表。对于间接选举，仍要求获得全体代表过半数的选票，始得当选。

20. 另行选举应依法进行

关于另行选举，根据选举法第四十五条的规定：第一，另行选举时，根据在第一次投票时得票多少的顺序确定代表候选人名单。另行选举不重新酝酿讨论提出代表候选人。对第一次投票时得票多少的顺序进行排列时，包括在原正式代表候选人之外由另选他人而获得较多选票的人。第二，另行选举要实行差额选举。另行选举时，根据在第一次投票时得票多少的顺序，按照选举法第三十一条规定的差额比例，即直接选举时，代表候选人的人数应多于应选代表名额的三分之一至一倍；间接选举时，代表候选人的人数应多于应选代表名额的五分之一到二分之一，确定候选人名单。如果只选 1 人，候选人应为 2 人。第三，当选票数要求。直接选举人大代表，需要另行选举时，代表候选人以得票多的当选，但是得票数不得少于选票的三分之一，即不得少于参加投票的选民的三分之一；在间接选举中，需要另行选举时，对代表候选人获得当选的选票数与第一次投票时的要求是一样的，代表候选人必须获得全体代表过半数的选票，始得当选。正式候选人名单以外的人如果获得上述选票数，当选有效。

21. 代表选出后要进行代表资格审查

代表候选人当选后，其代表资格并不自然生效。一般来说，在换届选举后，在本级新一届人民代表大会第一次会议召开前，本级人大常委会或者乡镇人大主席团还要进行代表资格审查，确保代表的选举符合法律规定。在补选完成后，本级人大常委会或者乡镇人大主席团也要对补选中当选的候选人进行代表资格审查。代表资格审查是指对选举产生的代表人选是否合乎法律规定的审查。如果确认代表资格有效，则应予以宣布，并发给代表证书。

22. 代表资格审查委员会的产生

代表资格审查委员会是乡、镇人大或县级以上各级人大常委会设立的专门负责代表资格审查的常设机构。根据全国人大组织法、地方组织法等法律的规定，县级以上各级人大常委会的代表资格审查委员会由主任委员、副主任委员和委员组成，其人选由常委会委员长会议或者主任会议在常委会组成人员中提名，常委会全体会议通过。也就是说，县级以上各级人大常委会代表资格审查委员会的组成人员必须是常委会组成人员，不是常委会组成人员不能被提名为代表资格审查委员会的成员。

实践中，地方人大常委会的代表资格审查委员会组成人员中，一般包括中共党员、民主党派、无党派、群团组织、少数民族等方面的常委会组成人员。乡、民族乡、镇的人民代表大会代表资格审查委员会的人选，由大会主席团在代表中提名，大会全体会议通过。乡、民族乡、镇的每届人民代表大会第一次会议通过的代表资格审查委员会，行使职权至本届人民代表大会任期届满为止。代表资格审查委员会贯彻民主集中制原则，以会议形式集体行使职权，在换届选举时或遇有代表资格变动的情况，及时召开会议。

23. 代表资格审查的内容

根据选举法的规定，代表资格审查的具体内容主要包括：

（1）当选代表是否符合宪法、法律规定的代表的基本条件。宪法第三十四条规定，中华人民共和国年满十八周岁的公民，不分民族、种族、性别、职业、家庭出身、宗教信仰、教育程度、财产状况、居住期限，都有选举权和被选举权；但是依照法律被剥夺政治权利的人除外。选举法第四条也规定了上述内容；选举法第二十七条第二款还规定，精神病患者不能行使选举权利的，经选举委员会确认，不列入选民名单。宪法和选举法这些内容的规定，主要是审查代表有无选举权和被选举权。

（2）选举是否符合法律规定的程序。主要是指代表候选人的提出、确定是否符合法律规定，代表候选人人数是否符合法律规定的差额比例，参加投票的人数是否符合法定人数，代表是否获得法定的当选票数，是否采用无记名投票，选举程序是否符合选举法的其他规定等。

（3）是否存在破坏选举和其他当选无效的违法行为。比如，当选代表是否存在贿选情况，是否直接或间接接受了境外机构、组织、个人提供的与选举有关的任何形式的资助，以及其他破坏选举的违法行为等。

24. 人大代表的资格审查确认

无论是直接选举产生的人大代表，还是间接选举产生的人大代表，都要经代表资格审查委员会进行资格审查。具体讲，在直接选举中，乡镇人大代表，由乡镇人大设立的代表资格审查委员会审查；县级人大代表，由县级人大常委会设立的代表资格审查委员会审查。在间接选举中，下级人民代表大会选举产生的上一级人民代表大会代表，由该上一级人大常委会设立的代表资格审查委员会进行资格审查。

代表资格审查委员会依法进行审查后，要提出代表当选是否有效的意见：对符合法律规定的，提出确认代表资格的意见；对不符合法律规定或者以违法行为当选的，提出个别代表当选无效的意见。在换届选举完成后，下届人大第一次代表大会召开前，代表资格审查委员会向本级人大常委会或者乡镇人大主席团提出关于新一届人大代表的代表资格的审查报告。

代表资格审查委员会提出关于代表资格的审查报告后，县级以上的各级人大常委会或者乡镇人大主席团要根据代表资格审查委员会的审查报告，确认代表的资格有效或者确认个别代表的当选无效。具体讲，直接选举产生的乡镇人大代表，由乡镇人大主席团确认后，在乡镇每届人民代表大会第一次会议前公布代表名单；直接选举产生的县级人大代表，由县级人大常委会确认后，在县级每届人民代表大会第一次会议前公布代表名单；间接选举产生的县级以上各级人大代表，由本级人大常委会确认后，在每届人民代表大会第一次会议前公布代表名单。县级以上的各级人大常委会或者乡、镇人大主席团此时公布的代表名单，为新一届人民代表大会的正式代表名单。

25. 代表资格审查委员会提出个别代表当选无效的意见无须经过原选区选民或者原选举单位同意

代表资格审查委员会向本级人大常委会或者乡镇人大主席团提出代表资格的审查报告，提出个别代表当选无效的意见，无须经过原选区选民或者原选举单位同意。

代表资格审查，主要是审查当选代表是否符合宪法、法律规定的代表的基本条件，选举是否符合法律规定的程序，以及是否存在破坏选举和其他当选无效的违法行为。至于当选代表本身有无缺点，是否优秀、先进，不属于代表资格审查委员会的审查范围，不能因此撤销代表资格。如果当选的代表不适宜当代表的，可以由原选区或者原选举单位依照法律规定予以罢免。根据有关文件精神，要加强人大代表的资格审查工作，代表资格审查委员会在进行代表资格审查过程中，对被举报的当选代表问题线索清晰但尚未核查清楚的，由有关方面继续调查，可以延迟提出其当选有效或者当选无效的意见。

26. 对补选的人大代表需要进行代表资格审查

对于补选产生的人大代表，要依照选举法的有关规定进行代表资格审查。具体讲，对于由原选区选民补选的县、乡两级人大代表，分别由县级人大常委会代表资格审查委员会或者乡、镇人民代表大会的代表资格审查委员会，依法对当选代表是否符合宪法、法律规定的代表的基本条件，选举是否符合法律规定的程序，以及是否存在破坏选举和其他当选无效的违法行为进行审查，提出代表当选是否有效的意见，向县级人大常委会或者乡、镇人大主席团提出关于个别代表的代表资格的报告，由县级人大常委会或者乡、镇人大主席团确认补选代表的代表资格并公布补选的代表名单。对于由原选举单位补选的县级以上各级人大代表，由各该级人大常委会代表资格审查委员会，依法对当选代表是否符合宪法、法律规定的代表的基本条件，选举是否符合法律规定的程序，以及是否存在破坏选举和其他当选无效的违法行为进行审查，提出代表当选是否有效的意见，向该级人大常委会提出关于个别代表的代表资格的报告，由该级人大常委会确认补选代表的代表资格并公布补选的代表名单。

27. 公民不得同时担任两个以上无隶属关系的行政区域的人大代表

选举法第四十八条规定，公民不得同时担任两个以上无隶属关系的行政区域的人大代表。其主要考虑是，公民担任两个以上无隶属关系的行政区域的人大代表，不符合选举权平等的原则，我国实行兼职代表制，代表受人民委托行使国家权力，依法执行职务，责任重大，身兼“两地代表”，无法保证代表依法履职。

实践中，比如同时担任两个省级人大代表、同时担任两个不同省的两个市人大代表、同时担任同一个县的两个乡级人大代表等，都属于“两地”代表的情形。为防止产生“两地代表”的情形，在县、乡两级人大代表选举中，选举工作机构要按照选举法的规定，做好选民登记工作，力求做到不错登、不重登，保证选民登记的准确性，从参选资格上严把一道关。同时，在各级人大代表的选举中，要按照选举法的规定，做好代表候选人的提名推荐工作，推荐者应向选举委员会或者大会主席团介绍代表候选人的情况；接受推荐的代表候选人应向选举委员会或者大会主席团如实提供个人的基本情况，包括是否在其他地方已当选代表的情况，以便选举工作机构掌握依法处理，也使选民或者代表了解情况，慎重提名推荐代表候选人。

对于已经当选的“两地代表”，党委组织部门和人大有关部门要向选民或者代表说明相关法律规定的精神，按照选举法关于代表辞职的规定，由代表本人提出辞去其中一个代表职务。如果代表拒不辞职，按照选举法的规定，原选区选民或者选举单位可以启动罢免程序予以罢免。

28. 要加强对选举过程的监督

选举工作必须严格遵守法定程序，并要加强对选举全过程的监督，保证各个环节在实际运作中不受干扰和破坏，保障选民或者代表自由、依法行使选举权。对选举工作进行监督，在选举过程中不是一个独立的环节，但它对选举活动起着极为重要的保障作用，可以制止各个环节中出现的违法现象，保障依法选举，保证选举结果的合法与公正。根据选举法等法律的规定，我国对选举的监督主要体现在：

（1）公布的选民名单是否正确；

（2）选举程序是否依法进行，当选人是否具备当选资格；

（3）是否有以贿赂、暴力、威胁、欺骗、伪造选举文件、虚报选举票数等手段破坏选举或者妨害选民或者代表自由行使选举权和被选举权。

对违法行为的处理主要包括：更正选民名单；宣布违法当选无效或者不予确认代表资格；给违法行为人以政务处分或者处分；给违法行为

人以刑事处罚；对破坏选举行为的调查处理等。整个选举过程都要接受选民或者代表、选举主持机构的监督，选举委员会要接受任命它的人大常委会的监督。根据全国人大组织法、地方组织法、代表法的规定，代表资格审查委员会要审查新选出的下一届人大代表和补选的本届人大代表的资格是否有效。

为了保证换届选举风清气正，根据有关要求，地方党委和纪检监察机关要认真履行党风廉政建设主体责任和监督责任，党委组织部门要从严从实加强换届风气监督，严格落实换届纪律规定，切实预防选举中的不正之风和腐败问题。县级人大常委会要领导和监督县、乡两级选举委员会依法履行职责，确保选举严格依法按程序进行。监察机关、公安机关、司法机关要依法追究破坏选举行为的法律责任。

第八章　代表的权利和义务

1. 代表的权利和义务

为了便于代表全面、准确地了解自己的职责，增强代表的责任感和使命感，提高执行代表职务的积极性与主动性，代表法对代表的权利义务作了集中系统的规定。

人大代表享有下列权利：（1）出席本级人民代表大会会议，参加审议各项议案、报告和其他议题，发表意见；（2）依法联名提出议案、质询案、罢免案等；（3）提出对各方面工作的建议、批评和意见；（4）参加本级人民代表大会的各项选举；（5）参加本级人民代表大会的各项表决；（6）获得依法执行代表职务所需的信息和各项保障；（7）法律规定的其他权利。

代表应当履行下列义务：（1）模范地遵守宪法和法律，保守国家秘密，在自己参加的生产、工作和社会活动中，协助宪法和法律的实施；（2）按时出席本级人民代表大会会议，认真审议各项议案、报告和其他议题，发表意见，做好会议期间的各项工作；（3）积极参加统一组织的视察、专题调研、执法检查等履职活动；（4）加强履职学习和调查研究，不断提高执行代表职务的能力；（5）与原选区选民或者原选举单位和人民群众保持密切联系，听取和反映他们的意见和要求，努力为人民服务；（6）自觉遵守社会公德，廉洁自律，公道正派，勤勉尽责；（7）法律规定的其他义务。

2. 代表的权利义务的特点

人大代表是国家权力机关的组成人员，代表职务是一种国家职务。宪法和法律规定的代表权利，不同于普通公民的权利，实质上是一种“公权”。人大代表在履行职责时，实际上同国家行政机关、监察机关、审判机关和检察机关的工作人员执行职务一样，代表国家行使职权，只是行使职权的方式不同。代表权利有以下几个特点：一是代表的权利以其代表身份为前提；二是法律规定代表的权利，是为了代表有效地行使职权，执行公务；三是代表权利的具体内容是由法律明文规定，并且代表权利的行使是由国家法律加以保障的。

代表的权利义务是因担任代表职务而产生的，其权利不能像私权一样可以让渡或者放弃，在某些方面，往往既是权利，也是义务，二者是统一的、不可分割的。比如，“出席本级人民代表大会会议”“审议各项议案、报告和其他议题”等，既是代表的一项权利，也是代表的义务。说它是权利，是因为只有担任代表职务的公民，才有资格去做这些事，其他人无权做；说它是义务，是因为担任代表职务后，必须履行这些职责，不能无所作为。因此，在代表的权利义务中存在一些交叉，这恰好体现了代表权利义务的特点。但需要注意的是，代表义务与代表权利相比，是对代表的一种约束性要求。比如说，代表有权利出席本级人民代表大会会议，但代表有义务按时出席本级人民代表大会会议；代表有权利审议各项议案、报告和其他议题，但代表有义务认真审议各项议案、报告和其他议题。

3. 代表必须按时出席人大会议

代表出席本级人大会议，既是一项权利，也是一项义务。代表在人大会议期间的工作，归纳起来主要有八项：（1）听取和审议列入会议议程的各项报告;(2)审议列入会议议程的各项议案;(3)依法提出议案、质询案、罢免案等;(4)依法提出建议、批评和意见;(5)在审议列入会议议程的各项议案和报告时,可以向有关国家机关提出询问;(6)县级以上各级人大代表可以依法提出组织特定问题调查委员会;(7)参加本级人民代表大会的各项选举;(8)参加本级人民代表大会的各项表决。

代表应当按时出席人大会议:第一,代表出席人大会议是开好大会的前提。各级人大是各级国家权力机关,须集体行使职权。如果出席人数达不到法定要求,会议就不能召开。第二,代表参加本级人大会议是代表行使职权的前提。代表在本级人大会议期间行使的权利,都是建立在出席会议的基础上的。第三,代表只有出席会议才能反映人民的意见和要求。代表是选举产生的,生活在人民群众中间,应当代表广大人民群众的利益,反映人民群众的呼声。如果代表无故不出席会议,所放弃的不单单是代表个人的权利,而且是人民当家作主的权利。所以,代表要事先安排好各项工作和活动,按时出席人大会议。代表因本职工作与出席会议发生冲突时,应以出席会议为先。代表因健康等特殊原因不能出席会议的,必须办理请假手续,未经批准两次不出席会议的,代表资格自行终止。

4. 代表有权对列入大会议程的各项报告和议案进行审议

讨论、审议是民主决策、科学决策的必经程序和重要基础。在国家权力机关作出各项决定之前,都要对所决定的事项予以广泛讨论、深入审议。对列入大会议程的各项报告和议案进行讨论,表明赞成、肯定、反对或者提出修改完善的建议、意见,是代表行使权利、履行职责的重要形式。代表法规定,代表参加大会全体会议、代表团全体会议、小组会议,审议列入大会议程的各项议案和报告。

代表对各项报告和议案进行审议,其功能和作用在于:一是通过审议发现新的意见、建议，为修改完善有关报告和议案提供智力支持。每项报告和议案都不可能尽善尽美，都有进一步完善的空间，代表通过审议讨论，从不同的方面、不同的角度，对报告和议案的可行性、合理性、准确性予以检验说明，并提出修改完善的意见和建议，这样可以将代表的意见集中起来，吸收到报告和议案中，使通过的报告和议案更具权威性，经得起检验和推敲。二是通过审议形成集体意见，为表决提供基础。代表对最初提出的报告和议案的意见和看法，有时可能并不完全一致。在审议过程中，代表通过对有关情况的审查了解，发表自己的意见看法，同时听取他人的意见看法，代表之间相互磨合，求同存异，最终形成比较统一的意见，从而为表决提供基础。三是反映、表达人民群众的意见和诉求，反映社情民意，也帮助社会了解、认识报告和议案提供引导。四是表明代表对报告、议案的整体态度，包括议案获得赞同拥护、反对弃权的情况，报告和议案的核心内容及焦点问题所在，为大会主席团决定是否提请表决提供依据。

多年来，随着我国人民代表大会制度的不断完善和人大代表参政议政能力的提高，各级人大代表的审议权进一步得到切实有效的行使，但还需要进一步强化：

第一，应高度重视、认真对待人大代表的审议意见。人大代表在人民代表大会召开期间对各项议案进行审议，是在依法履行职责，代表人民行使国家权力。有关机关、组织要充分尊重，认真对待代表的审议意见，而不应消极、搪塞。对人大代表的审议意见，经综合归纳整理，要编印简报，供会议交流；在修改完善有关报告、议案时认真研究吸收；对于改进工作的具体意见，有关机关、组织要积极研究落实。

第二，人大代表应以高度的责任感，切实有效地行使审议权。人大代表的审议，绝不是一种普通的言论表达行为，而是一种可以影响国家权力机关决策的行为，包括通过、否决某项报告议案，因此是非常重要的权利。人大代表要在充分调查研究的基础上，以对人民负责的态度，对议题发表审议意见，而不是简单地赞成、拥护或者反对。

第三，要遵守议事规则。议事规则是民主与效率的保证。各级人大相继制定了议事规则或在实践中形成了相关做法，人大代表行使审议权，应当遵守议事程序，要围绕会议议题，符合发言时间、次数的规定。代表法专门作出规定，代表应当围绕会议议题发表审议意见，遵守议事规则。2021 年 3 月，十三届全国人大四次会议修改了《中华人民共和国全国人民代表大会议事规则》，各级地方人大可以以此为参考，并结合自己的工作实际和经验，作出相关修改完善。

5. 代表有权联名提出议案

议案是依照法律规定的条件和程序向大会提出的、要求大会对有关事项和问题予以审议决定的议事原案。大会会议期间，代表的一项重要工作是联名提出议案。代表法第九条规定，代表有权依照法律规定的程序向本级人民代表大会提出属于本级人民代表大会职权范围内的议案。代表联名提出议案，其实质是启动国家权力机关的决策程序。人大是集体行使职权，通过法律法规决定、作出决议，首先需要有人启动决策机制。这个启动程序有两个：一是同级其他国家机关向国家权力机关提出议案来启动，二是人大代表联名提出议案来启动。通过代表提出议案这一方式，将广大人民群众所关心的或社会生活中亟待解决的问题，向本级人大提出，使国家权力机关对有关事项能及时进行审议和作出决定，充分发挥国家权力机关在解决政治、经济和社会生活等方面问题的作用。

代表联名提出议案应当符合法定条件：

一是提出议案应当属于本级人大的职权范围。避免超越本级人大职权范围提出议案，从横向上来看，要与同级“一府一委两院”职权范围内的事项分开；从纵向上来看，要与上下级人大职权范围内的事项分开。对于不属于本级人大职权范围，而依法属于“一府一委两院”

或其他层级人大、政府职权范围内的事项，不能作为议案提出。

二是提出议案应当合乎法定人数和时间。代表联名提出议案，既包括代表自己领衔、其他代表附议提出议案，也包括别人领衔提出议案，自己参加联名附议。但一定要符合法定人数。地方组织法规定，县级以上地方各级人大代表 10 人以上联名，乡级人大代表 5 人以上联名可以向大会提出议案。同时，代表提出议案还要合乎法定期限，每次大会主席团都要对代表提出议案的截止时间作出规定。代表提出议案，应当在截止时间以前提出，以便大会主席团、有关专门委员会有一定的时间对其进行审议研究。对于截止时间以后提出的议案，虽然合乎法定人数，但来不及审议研究，只能转为建议处理。关于代表提议案的时间，实践中曾提出，代表在闭会期间若要提出议案或已经提出议案，应如何处理？一般情况下，可以通过担任常委会组成人员的代表联名提出。如果已经提出议案，可以留待大会会议期间一并处理。

三是提出议案应符合法定形式。代表法规定，议案应当有案由、案据和方案。案由就是提出议案的理由，现实中存在的需要解决的问题。案据就是提出议案的依据，包括法律依据和事实依据。方案就是解决所提问题的办法。方案是要求人大会议进行审议的内容，是议案的核心内容。只提出问题，没有具体的解决办法，不能作为议案提出。此外，还应当尽量“一事一案”，即一件议案只就一个问题提出案由、案据和方案，不要把几个问题放在一个议案中提出，以便交付审议、办理。

6. 代表有权参加本级大会会议上的各项选举

国家权力机关依法产生同级“一府一委两院”，通过选举、决定任命产生国家机关组成人员或者人选。因此，参加大会的各项选举是代表在人大会议期间的又一项重要工作。代表法第十一条第一款规定，代表参加本级人民代表大会的各项选举。地方各级人民代表大会代表有权依照法律规定的程序提出人选。地方各级人大代表参加本级人大会议的各项选举，包括乡镇人大选举乡镇人大主席、副主席，乡镇长、副乡镇长；县级以上地方各级人大选举本级人大常委会组成人员和上一级人大代表，选举本级国家行政机关、监察机关、审判机关和检察机关领导人员。

地方国家机关领导人的候选人，由大会主席团和代表联名产生，并实行差额选举。根据地方组织法第二十一条第二款的规定，“省、自治区、直辖市的人民代表大会代表三十人以上书面联名，设区的市和自治州的人民代表大会代表二十人以上书面联名，县级的人民代表大会代表十人以上书面联名，可以提出本级人民代表大会常务委员会组成人员，人民政府领导人员，人民法院院长，人民检察院检察长的候选人。乡、民族乡、镇的人民代表大会代表十人以上书面联名，可以提出本级人民代表大会主席、副主席，人民政府领导人员的候选人。不同选区或者选举单位选出的代表可以酝酿、联合提出候选人”。同时，2018 年宪法修正案和监察法，规定了各级监察委员会主任由本级人民代表大会选举，这一选举也应遵循宪法法律的原则，可以由代表联名提出主任候选人。代表联名提出的候选人同主席团提出的候选人具有同等的法律地位。

7. 代表有权参加本级人大的各项表决

表决是各级人民代表大会决策的法定形式，也是人大代表对各项法律案、决议、决定草案表明最后态度的法定行为。对交付表决的议案或有关事项，代表有权投赞成票、反对票或者弃权票。行使表决权，是代表的一项重要权利，也是代表与会议列席人员的重要区别。

代表行使表决权，一是要积极参加。根据宪法和有关法律的规定，各级人大通过法律法规、决议、决定等，进行选举，一律实行全体代表的过半数通过。因为要求以全体代表的过半数，而不是出席会议的代表过半数通过，因此代表不出席会议或者不参加表决，对表决结果也是有影响的。弃权、不出席表决、不按表决器，实际后果都影响到表决结果。二是要在充分反映选民或选举单位意见的基础上，胸怀全局，从全体人民利益出发考虑问题，处理好局部利益与整体利益的关系。三是表决权应由本人亲自行使。人大代表因故不能出席会议参加表决，表决权不能委托其他代表行使。代表是接受人民的委托行使权利，这种委托不宜再委托他人行使。这与选民可以委托他人投票不同。

8. 代表有提出批评建议的权利

我国宪法第四十一条第一款规定，中华人民共和国公民对于任何国家机关和国家工作人员，有提出批评和建议的权利。人大代表提出对各方面工作的建议、批评和意见，不仅是行使公民的基本权利，也是反映民意的过程，是人大代表的一项权利。代表有权向本级人大提出对各方面工作的建议、批评和意见，有关机关、组织必须研究处理并负责答复。它是人民代表参政议政，反映民意的一种有效形式，有利于有关机关和组织多渠道地吸收合理意见，集中民意，创造性地开展工作；对各级国家机关工作中的缺点、错误提出意见，并要求改正，可以促使其改进工作；对国家机关工作中的某一问题表达自己不同的观点、看法，有利于使之全面考虑问题，正确决策。有关机关、组织对代表的建议、批评和意见加以研究处理并予以答复，是代表与有关机关、组织相互沟通、了解情况、促进工作的过程。

9. 代表有权获得依法执行代表职务所需的信息和各项保障

知情权是指代表为依法执行代表职务，有了解、获得、知悉国家和本地区经济社会运行、发展情况，有关的法律、政策信息，以及国家机关履行职责等情况的权利。代表如果不能广泛知悉、了解相关情况，即使有履行职责的热情，也无法提出符合选民或者原选举单位意愿的议案、建议，无法在选举、任免和决定重大事项中投好神圣的一票，更无法行使好监督“一府一委两院”的职责。因此，知情权是代表依法执行代表职务和行使权利的基础和前提。

代表行使知情权的方式，包括听取“一府一委两院”工作报告和汇报，询问和质询，视察、调研和执法检查等形式；同时，有关国家机关和组织应当主动向人大代表提供有关情况，县级以上的各级人大常委会、各级人民政府和人民法院、人民检察院，应当及时向本级人大代表通报工作情况，提供信息资料，保障代表的知情权。

人大代表要履行好法定职责，需要为其提供必要的保障和服务，以保证其不受非法干涉，方便、有效开展活动，履行职责。为此，宪法和有关法律专门作出规定，要求有关国家机关和社会组织对代表履行职责提供各项保障，主要包括：言论自由特殊保护、人身特殊保护、执行职务的物质保障、执行职务的时间保障等。

10. 代表应当模范地遵守宪法和法律，保守国家秘密，在自己参加的生产、工作和社会活动中，协助宪法和法律的实施

法律是由国家制定或认可的普遍适用于一切社会成员的规范。宪法规定的是国家最根本的制度和原则，包括公民的权利和义务以及国家的政治制度、经济制度等。模范地遵守宪法和法律，是人大代表的首要义务。这是因为：第一，遵守宪法和法律是公民的义务。我国宪法规定，公民在法律面前人人平等。作为人大代表，在日常生活和各项工作中遵守宪法和法律，履行作为公民的义务，是最基本的要求，人大代表不能因自己的特殊身份享有不应有的特权。第二，“依法治国，建设社会主义法治国家”是载入宪法的治国方略。法治国家的建立和维护，依赖于人民对法律制度的遵守。遵守法律是一个法治国家或法治社会的起码要求。没有对法律的恪守，就没有法治的建立和发展。我国各级人大代表是人民经过选举产生的，接受人民的重托，代表人民的利益和意志，行使国家权力，是法治国家直接的建设者和参与者。

因此，人大代表应当责无旁贷地带头宣传宪法和法律，在自己参加的生产、工作和社会活动中，协助宪法和法律的实施，成为遵守宪法和法律的模范。

国家秘密是涉及国家安全和利益，泄露后可能损害国家在政治、经济、国防、外交等领域的安全和利益的事项，主要包括：国家事务重大决策中的秘密事项；国防建设和武装力量活动中的秘密事项；外交和外事活动中的秘密事项以及对外承担保密义务的秘密事项；国民经济和社会发展中的秘密事项；科学技术中的秘密事项；维护国家安全活动和追查刑事犯罪中的秘密事项；经国家保密行政管理部门确定的其他秘密事项。由于国家秘密直接关系到国家的安全和利益，因而法律规定，一切国家机关、武装力量、政党、社会团体、企业事业单位和公民都有保守国家秘密的义务。人大代表来自社会各个方面，相当多的人分别接触上述各种国家秘密，代表在参与国家事务的决策中，也会了解和掌握某些国家秘密。作为国家权力机关的组成人员，人大代表应当严格地保守国家秘密，模范地遵守保密制度，如不在私人交往和通信中泄露国家秘密，携带属于国家秘密的文件、资料和其他物品外出不得违反有关保密规定；不在公共场所谈论国家秘密等。

11. 代表应当积极参加闭会期间统一组织的视察、专题调研、执法检查等履职活动

代表在闭会期间的活动，与代表在大会会议期间的工作是密切相关的，二者在本质上都是在执行代表职务，代表人民群众参加国家事务、社会事务管理。代表在闭会期间的活动，既是履行代表职务，也是知情知政，掌握第一手材料，为出席大会会议审议各项议案和报告作准备，酝酿、起草、提出议案或者建议、批评和意见的过程。代表在会议期间的工作和闭会期间的活动是一个有机整体，缺少哪一部分，代表都不能充分发挥其作用。本级人大闭会期间集中统一组织的活动

主要有：

一是集中视察。通常在每年举行人大会议前，全体代表进行集中视察，着重了解宪法、法律、法规和上级及本级人大及其常委会决议、决定的执行情况，了解本行政区域内国民经济和社会发展计划、财政预算及其执行情况，以及其他需要重点了解的情况。有的是由本级人大常委会或者乡镇人大主席团直接组织的，有的是由本级人大常委会统一安排，委托下级人大常委会或者乡镇人大主席团具体组织。全面视察可以使代表了解有关情况，为出席人大会议作好准备。

二是专题调研。同视察一样，也是代表密切联系群众、深入实际了解情况、研究问题的重要手段，是代表知情知政，掌握第一手材料，为出席代表大会审议各项议案和报告，依法行使代表职权作准备的过程，也是酝酿、准备、起草并提出代表议案或者建议、批评和意见的过程。代表法规定，代表根据安排，围绕经济社会发展和关系人民群众切身利益、社会普遍关注的重大问题，开展专题调研。

三是执法检查。县级以上各级人大常委会组织开展执法检查，可以邀请本级人大代表参加，乡镇人大代表参加乡镇人大主席团组织的执法检查，丰富代表的会外活动形式。执法检查是在监督实践中形成的、可以把工作监督和监督法律实施有机地结合起来的一种监督形式。组织代表参加执法检查，目的在于使代表更好地了解法律、法规的实施情况。

12. 代表应当与原选区选民或者原选举单位和人民群众保持密切联系，听取和反映他们的意见和要求，努力为人民服务

人大代表是由原选区选民或者原选举单位选举产生的，因此，与人民群众保持密切联系，听取和反映他们的意见和要求，努力为人民服务，是人大代表最为基本的职责之一，也是代表履行其他职责的基础。人大代表一旦脱离人民群众，就会成为无源之水，无本之木。作

为人大代表，必须高度重视联系群众的工作，把它作为代表活动的重中之重。为此，代表不仅要听取和反映所在工作、生产单位群众的意见和要求，还要广泛听取原选区选民或者原选举单位的意见和要求；不仅要积极参加闭会期间统一组织的代表活动，也可以采取多种形式听取和反映人民群众的意见和要求。代表应与原选区选民或者原选举单位和人民群众保持密切联系：（1）代表不脱离生产和工作。我国人大代表并不以担任人大代表为专门的职业，也不因担任人大代表从国家领取薪酬。各级人大代表中，有的是党政机关的领导干部，有的是企业事业组织负责人，有的是工作在社会主义现代化建设第一线的工人、农民和知识分子，基本都有自己的本职工作。代表在生产和工作中与人民群众保持密切联系。（2）代表通过各种形式积极主动地同原选区选民或原选举单位保持密切联系。代表法第二十条规定，代表在闭会期间的活动以集体活动为主，以代表小组活动为基本形式。代表可以通过多种方式听取、反映原选区选民或者原选举单位的意见和要求。代表可以通过走访或者召开有关人员参加的座谈会，接待人民群众的来信来访等，了解和听取群众的意见和要求。（3）代表要自觉接受原选区选民或者原选举单位的监督。代表要采取多种方式经常听取人民群众对代表履职的意见，回答原选区选民或者原选举单位对代表工作和代表活动的询问，接受监督。直接选举的代表还应当以多种形式向原选区选民报告履职情况。县级人大常委会和乡镇人大主席团应当定期组织本级人大代表向原选区选民报告履职情况。

13. 代表应当加强履职学习和调查研究

首先，加强代表履职学习和调查研究，是坚持和完善人民代表大会制度的内在要求。人大代表是国家权力机关的组成人员，是各级人民代表大会的主体。代表发挥好主体作用，人民代表大会制度的优越性才能得到很好的体现。从这一意义上说，切实加强代表履职学习和调查研究，不断提高代表依法履职的能力和水平，是坚持和完善人大制度的内在要求，是改进和加强人大工作的基础工程。其次，加强代表履职学习和调查研究，是提高代表履职能力的重要途径。人大代表是选举产生的、受人民群众信任的优秀代表人物，毫无疑问具有较高的素质，但并不自然就具备较强的履职能力。代表可能比较熟悉自己的工作和专业领域，却不一定熟悉代表履职的具体规定、程序和要求，也不一定熟悉代表履职过程中讨论决定的经济、法律等问题。人大工作和代表工作的法律性、程序性很强，要求人大代表必须具备与之相适应的法律等专业知识，了解相关情况和问题，具备参与行使国家权力的能力。代表不断加强学习，深入实际、基层和人民群众进行调查研究，有助于解决其履职过程中可能存在的一些困难和疑惑，增强履职的自觉性和责任感。最后，加强履职学习和调查研究，是充分发挥代表作用的客观需要。我国的人大代表一般都是兼职的，除履行代表职务外，还有繁重的个人工作，这就更需要代表加强履职学习和调查研究，不仅通过本职工作了解情况，反映民意，还要通过履职学习和调查研究，了解其他领域的情况，为做好代表工作打下基础。

14. 代表应当自觉遵守社会公德，廉洁自律，公道正派，勤勉尽责

为便于更好地选出优秀代表，总结实践经验，从代表应当履行的义务的角度，代表法对代表应当具备的条件要求作了规定：

一是自觉遵守社会公德。这是对人大代表在品德方面的要求。社会公德是要求一般人共同遵守的公共道德准则，包括遵守纪律、讲究礼貌、助人为乐、诚实守信、爱护公物、保护环境等。遵守社会公德是维护社会公共生活正常秩序的必要条件，是对社会生活中每个人的最低层次的道德要求。在一个社会中，任何社会成员无论身份如何，无论从事何种职业，都应当遵守社会公德。人大代表作为社会的一分子和国家权力机关的组成人员，不仅要自觉遵守社会公德，更应当率

先垂范，这对于树立和维护国家权力机关以及人大代表的威信，赢得人民群众的信任，履行好法定职责，具有重要意义。

二是廉洁自律、公道正派。这是对人大代表在廉洁方面的要求。所谓廉洁自律，公道正派，是指在执行职务的过程中，公正无私，维护国家和人民群众的利益，不谋私利。人大代表虽然不行使行政管理权或者对具体案件的调查处理权，但代表是国家权力机关组成人员，也是国家工作人员的组成部分。因此，代表在履行职责的过程中，必须廉洁自律，做到公私分明，不得利用代表身份牟取个人利益。

三是勤勉尽责。这是对人大代表在“勤”方面的要求。宪法和有关法律对人大代表的职责和义务作了规定，人大代表应当恪尽职守，兢兢业业，完成好自己的职责，不辜负人民群众的嘱托。

第九章　代表执行职务的保障

1. 代表在人民代表大会各种会议上的发言和表决，不受法律追究

代表法第三十一条规定，代表在人民代表大会各种会议上的发言和表决，不受法律追究。其适用范围是人民代表大会上的各种会议，如全体会议、代表团会议、代表团小组会议、主席团会议、各专门委员会会议以及代表应邀列席的人大常委会会议等。代表在列席原选举单位的各种会议上的发言，也不应受到法律追究。因为代表列席原选举单位的各种会议，不仅是执行代表职务，而且是代表接受原选举单位的监督和密切联系原选举单位的一种重要形式，所以在这些场合上的发言同样受到法律保护。

代表在人民代表大会各种会议上的发言和表决不受法律追究的真实含义，是对人大代表在代表大会各种会议上的发言和表决，任何组织和个人不能因此追究其刑事、民事或者行政法律责任。对于代表的发言和表决是否不受党纪追究，中国共产党是我国的执政党，在地方各级人大代表中，党员占多数，为了保证代表能够畅所欲言，对党员代表在人大会议和常委会会议上的发言和表决，一般也不宜追究其党纪责任。当然，如果党员代表在人大会议和常委会会议上的发言和表决，确实严重违反党的纪律，比如拒不执行党组织明确要求党员代表执行的决定，故意歪曲或者捏造事实、情节严重、造成恶劣影响等，

党组织和纪检监察机关可以依照党内的有关规定、监察法、政务处分法等追究其党纪责任和法律责任。

2. 未经大会主席团或人大常委会许可，不得对代表予以逮捕或者刑事审判

代表的人身自由，是代表依法执行代表职务的首要条件。我国人大代表人身特殊保护制度，对于保障代表依法行权履职，防止有关机关和个人对代表的发言和表决进行法律追究，或者对代表执行职务的其他行为进行打击报复，保证国家权力机关正常运转，维护国家权力机关的威信和尊严，具有至关重要的作用。因此，代表法第三十二条对人大代表人身自由特殊法律保护的具体程序作了详细规定，主要是：

第一，县级以上的各级人大代表如果涉嫌犯罪，需要予以逮捕或者刑事审判，在人大会议期间，必须事先报经大会主席团许可；在大会闭会期间，必须事先报经人大常委会许可。大会主席团或者常委会不同意逮捕或者刑事审判的，有关机关不能对该代表进行逮捕和刑事审判。

对于现行犯，采取事后报告的制度。因为现行犯是正在预备犯罪、实施犯罪或者在犯罪后即时被发现的犯罪嫌疑人，需要立即予以拘留。如果因为代表是现行犯被拘留，来不及报请许可的，执行拘留的机关应当立即向该级人大会议主席团或者常委会报告。大会主席团或者常委会认为拘留不当或者影响国家权力机关正常运转的，执行拘留的机关应当立即予以释放。

第二，有关机关如果对县级以上的各级人大代表采取除逮捕和刑事审判以外、法律规定的其他限制人身自由的措施，如行政拘留、监视居住、取保候审、司法拘留、劳动教养等，也应经过该级人大主席团或者常委会的许可。因为这些措施与逮捕、刑事审判一样，同样会影响到代表执行代表职务。根据监察法的规定，监察机关对涉嫌严重

职务违法和职务犯罪的被调查人，可以依法将其留置在特定场所。留置措施也属于限制人身自由的措施，但由于监察工作和监察对象的特殊性，当前各级监察机关在留置具有人大代表身份的被调查人时，暂不采取提前提请人大主席团或者常委会许可的做法。

此外，在司法实践中，还有一些对代表的司法决定，如免予起诉的决定等，除了通知代表所在的工作单位，一般还应通知人大主席团或者常委会，以便于人大方面及时掌握有关情况。

第三，关于审查许可申请的标准。人大主席团或者常委会受理有关机关提请许可的申请后，应当审查是否存在对代表在人大各种会议上的发言和表决进行法律追究，或者对代表提出建议、批评和意见等其他执行职务行为打击报复的情形，并据此作出决定。明确审查许可申请的标准，有利于进一步保障代表依法行权履职，保证国家权力机关正常运转，维护国家权力机关的权威。

第四，乡级人大代表与县级以上各级人大代表的人身自由特殊法律保护的规定有所不同，即乡级人大代表如果被逮捕、受刑事审判，或者被采取法律规定的其他限制人身自由的强制措施，执行机关应当立即报告乡级人大，但不必经其批准或者许可。这里采取的是事后通报制，而不是事前许可制。

宪法和法律规定人大代表享有人身自由特殊法律保护的权利，其目的在于保证人大代表依法执行代表职务，防止对代表进行打击报复。这是我国根本政治制度在代表地位上的具体体现，有关机关应当认真保护这一权利，严格按照法律的规定提请许可或者及时报告。人大代表享有人身自由特殊法律保护权，但并不意味着代表是特殊公民，有超越法律的特权。代表如果有违法犯罪行为，同样要受到法律的制裁。因此，人大代表要格外珍惜这一权利，模范遵守宪法和法律，认真履行职责，不辜负人民的重托，努力完成自己的历史使命。

3. 代表所在单位对代表参加代表活动，必须给予时间保障

我国绝大多数人大代表都是兼职代表，各级人大代表的主要精力和时间一般都用于自己的本职工作。各级人大代表开展代表工作和代表活动所需要的时间与本职工作的时间不可避免会出现一些冲突，代表需要在本职工作与代表工作两者之间进行恰当安排。由于代表职务是国家公职，代表开展代表工作和参加代表活动是代表人民的利益的，因此应当给予代表执行职务以时间保障。代表法第三十三条规定："代表在本级人民代表大会闭会期间，参加由本级人民代表大会常务委员会或者乡、民族乡、镇的人民代表大会主席团安排的代表活动，代表所在单位必须给予时间保障。"第三十四条第一款规定："代表按照本法第三十三条的规定执行代表职务，其所在单位按正常出勤对待，享受所在单位的工资和其他待遇。"

从实际情况看，各级人大代表在本级人大会议期间参加会议的时间一般都能够得到保障。真正存在突出问题的，是代表在闭会期间的活动时间得不到应有的保障，导致一些地方的代表在闭会期间发挥的作用较小。在一般情况下，我国各级人大代表在原工作岗位都承担着繁重的工作，本职工作已占据了大量的时间，业余时间不多，要充分履行代表职责，就必须占用一定的工作时间来进行代表活动。我国一些地方曾经发生过代表在闭会期间要开展活动，如受邀请列席本级人大常委会的会议或者参加执法检查，但因所在单位不批假，无法参加的情况。此外，随着我国非公有制经济在国民经济中的比重越来越大，许多国有企事业单位也实行了责任制，人大代表利用本职工作时间开展活动的难度进一步加大。

代表法第三十三条和第三十四条规定，相关单位必须保障代表参加本级人大或者其常委会、乡镇人大主席团安排的活动的时间。这意味着，在本职工作时间与执行代表职务时间发生冲突时，人大代表有

将本职工作时间让位于执行代表职务时间的权利，即代表执行代表职务时间优先于本职工作时间。代表在上班时间，开展闭会期间活动，其所在单位有义务提供必要的时间保障，不得随意阻拦。代表参加代表活动期间，原来承担的生产和工作任务应相应免除、减少或者调整。对于以日、月计算的一次性生产任务，应予以免除；对于以季度、年度计算的周期性较长的生产和工作任务，应予以减少或者变更；对于一些专业性、连续性比较强的教学、科研等工作任务，则可在时间上作一些调整，在代表参加完代表活动后继续进行。代表所在单位不能强制要求代表将参加代表活动期间的生产和工作任务补回来。

但是，并不是代表在闭会期间参加的一切活动都可以优先于代表的本职工作。给予时间保障的活动，应当是由本级人大或者其常委会、乡镇人大主席团安排的。如果代表自己安排开展代表活动，如持证视察、自行下基层了解情况等，应尽量安排在业余时间进行。另外，考虑到我国地域辽阔，各地经济和社会发展水平很不平衡，且各级人大代表在活动的范围、方式和特点方面也都不太相同，代表法并没有对各级人大代表在闭会期间开展活动规定统一的时间。各级人大及其常委会、乡镇人大主席团在安排本级人大代表在闭会期间开展活动时，应当充分考虑到我国代表实行兼职制这一特点，既要保证很好地开展代表闭会期间的活动，又要防止过多地占用代表上班时间而影响代表原工作岗位的生产或者工作。

4. 代表执行代表职务，享有原有的工资待遇以及相应的补贴

全国人大组织法、地方组织法规定，全国人大代表、地方各级人大代表在出席人大会议和执行其他属于代表的职务的时候，国家根据实际需要给予适当的补贴和物质上的便利。代表法规定，代表执行职务，其所在单位按正常出勤对待，享受所在单位的工资和其他待遇。无固定工资收入的代表执行代表职务，根据实际情况由本级财政给予

适当补贴。

对于代表执行职务的物质保障，从代表法的规定看，代表出席本级人大会议和出席闭会期间活动（包括参加视察、执法检查、参加专门委员会会议、列席本级人大常委会或者专门委员会会议、联系选民或者选举单位、向有关国家机关反映选民意见等），都属于执行代表职务，国家都应给予物质保障。这些物质保障包括三个方面：（1）交通费；（2）必要的物质上的便利，如住宿、用车、通信等；（3）补贴，即对代表因出席人大会议和执行代表职务所支出的费用或者受到的经济损失，给予适当的补偿。对于无固定收入的代表，比如农民代表，根据他们的经济状况给予一定的补贴，或者在他们出席人大会议和参加代表活动时，给予一定的补贴。应当注意的是，这里所说的“国家”给予，不仅指中央财政支出，也包括地方各级财政支出。对于代表执行代表职务，其所在单位应保持其原有待遇。代表法虽然没有明确作出这样的规定，但从代表法的立法目的和基本精神来看，代表所在单位仍有保障义务。因为代表出席代表大会，是直接行使代表职权，比参加大会之外的代表活动具有更重要的意义，理应与参加代表活动有相同甚至更高的时间保障和物质保障。

对于代表执行代表职务的工资待遇问题，由于我国代表绝大多数都是兼职代表，因此，代表在执行代表职务时，代表所在单位要尊重代表的权利，支持代表执行职务，为代表执行职务提供必要的时间和物质保障，绝不能因代表执行职务，扣发其工资、奖金等，更不能以此为由，对代表予以解雇、辞退、开除。因此，法律规定，代表在本级人大闭会期间，参加由本级人大或者其常务委员会、乡镇人大主席团安排的代表活动，其所在单位按正常出勤对待，享受所在单位的工资和其他待遇。代表所在单位包括国家机关、社会团体、国有企业事业单位和非公经济的企业等。无论代表所在单位属于什么性质，都有义务为代表执行职务提供物质保障。“按正常出勤对待”即按满勤、全勤对待。“其他待遇”主要是指奖金、生活补贴、岗位津贴等待遇。如果代表所在单位是实行固定工资，不得因代表参加本级人大或者其常委会组织的活动而减发其工资；如果代表所在单位是实行计件工资，必须减除其参加代表活动所应当完成的定额，但不减工资。根据代表法的规定，如果代表所在单位拒绝履行提供物质保障的义务，应当对其负责人予以批评教育，直至给予有关处分。

在我国各级人大代表中，有一些是农民、个体劳动者、私营企业家，他们本身没有国家发给的固定工资收入，因而不存在所在单位会因其缺勤而减发工资或者其他待遇的问题。但是这部分代表，尤其是农民代表，平时从事农业生产或者在城镇打工，没有稳定的收入来源，多劳多得、少劳少得、不劳不得。如果他们参加闭会期间活动没有一定的物质保障，很可能导致个人收入减少，履职积极性降低，从而影响代表作用的发挥。因此，代表法第三十四条第二款规定，无固定工资收入的代表执行代表职务，根据实际情况由本级财政给予适当补贴。各级人大代表，如果没有国家发给的固定工资，其执行代表职务所受到的经济损失，可根据当地的人均收入和生活水平以及代表个人的经济状况、执行代表职务的工作量，以及本级财政能力等实际情况，由本级财政拨款给予适当的补贴。需要注意的是，如果有的代表虽没有固定工资收入，但个人经济状况较好，比如从事个体经营、开办私营企业等，财政一般不予以补贴。补贴的具体数额应当考虑无固定收入代表的误工损失，但由于我国还处于社会主义初级阶段，还不能予以全额补贴，只能参考当地人均收入水平予以适当补贴。

5. 代表活动经费应当列入本级财政预算

我国实行人大代表兼职制度，代表要在做好本职工作的基础上做好代表工作，客观上需要专门的经费保障。这也是代表执行代表职务，发挥代表作用所必需的。同时，按照有关规定，代表执行代表职务的活动，不得接受企事业组织、社会团体和个人出资赞助。因为代表执行代表职务，是在行使公权，不能从中牟取个人利益。相应地，国家就应当为代表活动提供必要的经费支持，保障代表发挥作用。

代表法第三十五条规定，代表的活动经费，应当列入本级财政预算予以保障，专款专用。人民代表大会是集体行使职权，因此代表活动经费的使用也应当以统一使用为原则，由本级人大统一掌握，按照有关财务制度进行管理，确保专款专用，严格管理，保证闭会期间代表活动的顺利开展，从而调动代表履职的积极性，充分发挥代表的作用。

6. 各级人大常委会应当与本级人大代表保持联系，扩大代表对本级人大常委会活动的参与

各级人大常委会同人大代表保持密切联系，是做好人大工作的基础，也是保障代表执行职务的重要途径。人大代表在代表大会结束之后，回到各自的生产和工作岗位上。他们在各自的岗位上带头生产或工作，生活在群众中，不脱离群众，既能在群众中模范地遵守和广泛地宣传宪法、法律，又能及时听到群众的意见和要求，从而在执行代表职务的过程中反映人民群众的利益和意志，真正实现人民当家作主。因此，人大常委会通过加强同人大代表的联系，有利于作好调查研究，了解广大人民群众的意见和要求，也有利于统筹安排、协调代表在闭会期间的活动。此外，人大常委会组成人员是人民代表大会选举产生的，人大常委会对人民代表大会负责并报告工作，受其监督。人大常委会密切联系代表，扩大代表对常委会活动的参与，有利于代表进一步了解常委会的工作情况，为代表审议人大常委会的工作报告，对人大常委会的工作提出建议、批评和意见，为加强对常委会的监督提供便利条件。因此，代表法第三十六条明确规定，县级以上的各级人大常委会应当采取多种方式同本级人大代表保持联系，扩大代表对本级人大常委会活动的参与。这有利于从组织上保障代表执行职务、充分

发挥代表的作用。

近年来，全国和地方各级人大常委会不断探索、总结联系代表工作的经验和方法，形成了一套行之有效的制度和办法。县级以上的各级人大常委会联系人大代表，扩大代表对常委会活动的参与，主要有如下几种方式：

第一，邀请代表列席常委会会议。常委会召开会议时，邀请对会议议题比较熟悉的部分代表列席会议，参加讨论，直接听取代表的意见。

第二，常委会在审议重要议案以及作出重大决议、决定之前，根据需要，将草案印发代表征求意见。

第三，举行代表座谈会。常委会组成人员以及各专门委员会、办事机构的工作人员在调查研究时，同当地的代表座谈或走访代表，向他们介绍常委会的工作情况，听取他们对各方面工作的建议和意见，并及时向常委会汇报。

第四，组织代表参加专题调研、执法检查。常委会或者人大各专门委员会围绕经济社会发展，就关系改革发展稳定大局和群众切身利益、社会普遍关注的重大问题开展专题调研或者执法检查，可以组织有关代表参加。

第五，组织代表进行集中视察，办理人大代表提出的建议、批评和意见，接受和处理代表的来信来访。

第六，及时将常委会通过的法律法规和决议、决定印发给代表；定期给代表寄送公报、期刊等参考资料，让代表了解常委会工作和有关方面的情况。

第七，常委会听取的专项工作报告、国民经济和社会发展计划执行情况报告、预算执行情况报告和审计工作报告及其审议意见，人民政府、监察委员会、人民法院或者人民检察院对审议意见研究处理情况或者执行决议情况的报告，向本级人大代表通报并向社会公布。

第八，代表参加视察、专题调研形成的报告，由本级人大常委会办事机构转交有关机关、组织研究处理。研究处理的情况要向代表反馈。

全国人大常委会也进一步加强了与全国人大代表的联系，扩大全国人大代表对常委会活动的参与力度。全国人大常委会制定立法规划、立法计划和年度工作安排，都要听取代表的意见；审议重要的法律草案，印发有关代表或者全体代表征求意见；组织执法检查，邀请在当地的代表参加；到基层视察、调研，听取在当地代表的意见和建议；进一步坚持和完善全国人大代表列席全国人大常委会会议的制度；全国人大各专门委员会根据工作需要，邀请有关代表列席专门委员会会议，参与专门委员会的立法调研、执法检查等活动；建立常委会组成人员、专门委员会联系全国人大代表的工作机制，特别是加强同基层全国人大代表的联系。这些做法，值得地方各级人大常委会学习和借鉴。地方各级人大常委会可以在此基础上根据代表法的精神，与时俱进、不断创新，采取更多的方式同本级人大代表保持联系，扩大代表对本级人大常委会活动的参与。

7. 地方各级人大常委会应当为代表执行代表职务提供必要的条件

县级以上的各级人大常委会是本级人大的常设机关，负责处理人大的日常工作，同本级人大代表进行联系，组织与指导代表开展活动，为代表履行职务提供服务和必要条件，从组织上保障代表执行职务。

（1）县级以上地方各级人大常委会为代表执行职务提供必要的条件。

代表法第三十七条规定，县级以上的地方各级人大常委会，应当为本行政区域内的代表执行代表职务提供必要的条件。

“本行政区域内的代表”即本级人大代表和居住在本行政区域内的上级人大代表。就县人大常委会来说，除了本县人大代表外，还包括居住或工作在本县的省、自治区或直辖市人大代表和全国人大代表，市辖县还包括设区的市的人大代表。为代表执行职务提供必要的条件，主要包括：为代表出席人大会议提供交通上的方便；联系安排代表进行统一视察或持代表证就地进行视察，并解决有关交通、食宿、接待问题；人大代表在视察中提出约见本级或者下级有关国家机关负责人时，联系安排约见；协助代表小组开展活动，帮助拟订活动计划，安排必要的活动场所；为代表联系选民提供条件，人大代表接待选民，召开选民座谈会，向选民报告工作，都需要有一定的场所。

人大常委会为本级人大代表在大会期间执行职务提供条件，最主要的是做好会议的组织与准备工作。会议前的准备工作包括：提出会议议程草案；提出主席团和秘书长名单草案；决定会议列席人员名单；在会议召开前将开会日期和建议会议讨论的主要事项通知代表以及会议的其他准备事项。另外，还要召开好预备会议，选举大会主席团和秘书长，通过会议议程和其他事项，使大会有条不紊、井然有序地进行，从而做到既发扬民主，又提高议事效率，保证代表依法充分行使职权。

（2）地方各级人大常委会的办事机构为代表执行职务提供服务。

省、自治区、直辖市人大常委会可在其办事机构内设立全国人大代表联络处，并确定工作人员，为代表开展活动、履行职责提供服务。代表联络处业务工作接受全国人大常委会办事机构指导，工作经费由全国人大常委会办事机构补助。地方各级人大常委会也可以参照这种做法，设立相应的代表联络机构。代表法第四十条规定，县级以上的各级人大常委会的办事机构和工作机构是代表执行代表职务的集体服务机构，为代表执行代表职务提供服务保障。县级以上各级人大常委会根据实际需要，设立了相应的办事机构和工作机构。主要有法制工作机构、预算工作机构、代表联络机构、研究机构以及行政办公机构等。它们各自根据本机构职能、特点，为代表执行职务提供直接或间接的服务。

（3）交通部门也应在购票上给予方便，支持代表执行职务。

为了保证全国人大代表履行代表职责，执行代表职务，经国务院批准，从 1989 年 3 月 1 日起，全国人大代表执行代表职务时，可以持全国人大代表证优先购买火车票、飞机票、轮船票和汽车票。代表不可将代表证借予他人购票。

8. 各级人大常委会、“一府一委两院”都应当保障本级人大代表的知情权

我国绝大多数人大代表都是兼职的，不脱离各自的生产和工作岗位，其对人大常委会和“一府一委两院”的工作情况不可能全面掌握，因此需要为代表及时了解人大常委会和“一府一委两院”的工作创造条件，保障代表的知情权。可以说，充分保障代表的知情权，保证代表能够知情知政，是人大代表依法履职、执行代表职务的重要基础条件。代表法第三条第（六）项明确规定，代表有权获得依法执行代表职务所需的信息和各项保障。相应地，有关机关有义务为代表知情知政提供保障。因此，代表法第三十八条明确规定，县级以上的各级人大常委会，各级人民政府和人民法院、人民检察院，应当及时向本级人大代表通报工作情况，提供信息资料，保障代表的知情权。根据宪法、监察法及代表法第三十八条的有关精神，监察机关也应当及时向本级人大代表通报工作情况，保障代表知情权。

近年来，全国和地方各级人大常委会不断探索、总结保障代表知情知政的经验和方法，形成了一套行之有效的制度和办法。有关国家机关向全国人大代表提供了多方面的信息，主要包括：代表大会举行会议前，全国人大常委会办事机构应当邀请国务院及有关部门、最高人民法院、最高人民检察院，向代表通报全国经济社会发展和改革、稳定的基本情况，审判、检察工作的基本情况，将有关材料印发代表，并为在京代表、港澳代表举办报告会。在代表大会闭会期间，全国人大常委会办事机构应向代表通报常委会会议、常委会重要工作安排和重要活动情况，寄送常委会公报、国民经济和社会发展统计资料以及

国际、国内形势的有关报告等；全国人大财经委员会向代表寄送经济形势分析的有关资料，国务院和“两高”办事机构应向代表寄送公报；各省级人大常委会印发省级人大代表的资料，应同时印发本选举单位选出的全国人大代表。地方有关国家机关也学习、借鉴和实践了这种做法。

9. 各级人大常委会应当组织代表参加履职学习

代表履职学习是代表执行职务的重要保障之一，其对于提高代表履职能力，充分发挥代表作用具有十分重要的意义。根据代表法第三十九条的规定，代表履职学习由县级以上的各级人大常委会有计划地组织，乡镇人大代表可以参加上级人大常委会组织的代表履职学习。全国人大常委会近年来逐步建立了对全国人大代表的系统培训制度，以宪法、人大制度、国家机构的组织和运作等基本知识为基础，以法律案和各项工作报告的审议、计划预算的审查、议案与建议、批评和意见的提出和处理、代表职责等为专题，有针对性地组织了对全国人大代表的培训。这是坚持和完善人民代表大会制度的一项战略性决策，也是全国人大常委会制度建设的一项基础性工作。地方各级人大常委会也在积极推动和大力加强代表培训工作。

代表履职学习的内容是全面熟悉人民代表大会制度、掌握履行代表职责所需的法律知识和其他专业知识。人民代表大会制度是我国根本的政治制度。人大代表是由人民选举产生，代表人民参与行使管理国家的权力，因此，作为一名人大代表，应当熟悉我国的人民代表大会制度。当然，我国的人大代表应该说是方方面面的有代表性的人物，本身素质就很高，但是，代表们虽然在自己的职业与岗位上是模范楷模，但不一定对人民代表大会制度和国家的其他制度很熟悉。当选为人大代表之后，为了能够尽快履行代表职责，完成选民所赋予的权力，每一个人大代表都应该尽快熟悉人民代表大会制度，尽快进入角色与状态，切实履行好代表职务，真正代表人民管理好国家事务。履行代表职务还需要一些包括法律知识在内的专门知识，人大代表同样需要尽快多掌握履职所需要的这些专门知识。比如，人大代表在审议法律案时就需要掌握一些法律知识，在审议预算案时就需要掌握一些预算、财税知识等。这些履行代表职务所需要的专门的知识，都对人大代表提出了很高的要求，人大代表应当积极参加人大常委会组织的履职学习，认真学习好相关的知识，为履行代表职责作好准备。

10. 各级人大常委会为代表集体提供服务保障

我国的人民代表大会制度与西方的议会制度的一个很重要的区别就是，人大代表来自社会的各个方面，都是兼职的，并没有脱离生产和工作，可以全面、及时地反映人民群众的意见和呼声。同时，人大代表没有个人助手，而是由各级人大常委会的办事机构和工作机构提供集体参谋助手的服务工作。代表法明确规定，县级以上的各级人大常委会代表工作机构和办事机构，要为代表执行代表职务提供服务。

作为为代表执行代表职务提供服务的集体服务机构，县级以上的各级人大常委会的办事机构和工作机构应当为代表执行代表职务提供服务保障。这里的服务保障主要包括以下几个方面：其一，对代表知情知政的保障。县级以上的各级人大常委会的办事机构和工作机构应当及时向本级人大代表提供信息资料，保障代表能够获得执行代表职务所需要的信息。其二，对代表履职的组织保障。县级以上的各级人大常委会的办事机构和工作机构应当采取多种方式同本级人大代表保持联系，协助代表保持与原选区选民或者原选举单位的联系，组织安排代表参加闭会期间的活动，协助代表参与本级人大常委会的活动。其三，县级以上的各级人大常委会的办事机构和工作机构应当对少数民族代表执行代表职务时在语言文字、生活习惯等方面给予帮助和照顾。

11. 各级人民代表大会可以为本级代表制发代表证

代表法第四十一条规定，为了便于代表执行代表职务，各级人大可以为本级人大代表制发代表证。代表证表明持有者的身份，便于代表开展活动，执行职务。代表持代表证，可以就地进行视察；可以要求有关组织、机构或人员协助其执行代表职务或提供必要的条件；在特殊情况下，还可以要求有关部门执行关于代表人身特殊保护的规定等。代表证的使用期限与代表任期相同。代表任期届满，代表证自行作废。代表被暂时停止执行代表职务的，要暂时收回代表证，直到恢复代表职务为止。代表资格终止的，要及时收回代表证。代表证要妥善保管，不要遗失。如有遗失，应及时通知本级人大有关部门。

12. 有关部门应当对少数民族代表执行代表职务给予必要的帮助和照顾

代表法第四十三条规定，少数民族代表执行代表职务时，有关部门应当在语言文字、生活习惯等方面给予必要的帮助和照顾。这主要是为了对少数民族代表给予一定的照顾，以便于其执行好代表职务。这里主要包括：首先，这是对代表执行职务的协助。少数民族代表在执行代表职务过程中，工作上需要与人沟通交流，这样就会面临语言文字的问题，生活上会遇到风俗习惯的问题，因此，为便于少数民族代表更好地执行代表职务，有关部门就应当对少数民族代表遇到的问题提供一定的帮助和照顾。其次，这里所指的对少数民族给予语言文字与风俗习惯帮助和照顾的有关部门，主要是指在少数民族代表执行职务过程中，对代表执行职务负有安排、组织及协助的部门。例如，负责组织安排代表开展活动的各级人大常委会，负责研究办理代表建议、批评和意见的有关政府部门等。最后，有关部门对少数民族代表只是给予“必要”的帮助和照顾。这里的“必要”是指以能够解决少数民族代表执行代表职务过程中所需的语言文字、风俗习惯等方面的需要为限。

虽然有关部门负有在语言文字、风俗习惯等方面给予必要的帮助和照顾的义务，但是，少数民族代表本身为了能够更好地执行代表职务，更好地与各族群众进行沟通交流，应当努力学习掌握国家通行的语言文字。

13. 一切组织和个人都必须尊重代表权利，支持代表执行职务

人大代表是人民行使国家权力的代表，是人民派往国家权力机关的光荣使者，肩负着重大的历史使命。为保证代表完成其历史使命，宪法和法律赋予代表一系列权利。这些权利大体可分为两类：一类是职务权利，如提议案权，提名权，提建议、批评和意见权，质询权，审议权，表决权等；另一类是为实现职务权利而设定的权利，如言论免责权、人身特殊保障、时间和物质保障等。无论是哪一种权利，都是人大代表完成其历史任务所不可缺少的。因此，一切组织，包括各个政党、各社会团体、各企业事业组织；一切个人，不论其职务高低，从普通公民到国家最高领导人，都要尊重代表的权利，支持代表履行职务。

如何才能尊重代表的权利、支持代表执行职务？简言之，依法办事，积极配合，如凡是应给予时间保障和物质保障的，应坚决执行，不得有所折扣；凡是应当提供有关情况和资料的，应如实汇报，不得隐瞒和保留；凡是应当提供有关条件和服务的，应当积极去做，不得借故推脱。对于人大代表提出的建议、批评和意见，有关部门要认真研究，并及时予以答复。

14. 对代表执行代表职务拒绝履行协助义务的，应当承担相应的法律责任

为了保证社会各方面都能尊重代表权利，支持代表执行职务，代

表法第四十四条第二款规定："有义务协助代表执行代表职务而拒绝履行义务的，有关单位应当予以批评教育，直至给予行政处分。"在代表执行职务过程中，凡是代表依照法律，有权要求有关机关、组织、个人做出一定行为的，这些机关、组织、个人都应被视为有义务协助代表执行职务，不得拒绝履行义务。否则，有关单位应当给予批评教育，即摆事实，讲道理，明确责任，晓以利害，使义务人提高认识，切实履行义务。对于情节严重者，可以给予行政处分。这里的"行政处分"是国家监察体制改革和公职人员政务处分法出台前的概念，是指由国家行政机关依行政隶属关系，按照国家法律、法规给予有轻微违法失职行为但尚不够刑事处罚的或者违反纪律的所属人员的一种制裁。国家监察体制改革后，先后出台了监察法和公职人员政务处分法，根据这两部法律的规定，公职人员包括：中国共产党机关、人民代表大会及其常务委员会机关、人民政府、监察委员会、人民法院、人民检察院、中国人民政治协商会议各级委员会机关、民主党派机关和工商业联合会机关的公务员，以及参照《中华人民共和国公务员法》管理的人员；法律、法规授权或者受国家机关依法委托管理公共事务的组织中从事公务的人员；国有企业管理人员；公办的教育、科研、文化、医疗卫生、体育等单位中从事管理的人员；基层群众性自治组织中从事管理的人员；其他依法履行公职的人员。2020 年选举法修改规定，上述国家工作人员有阻碍代表执行职务的，由监察机关给予政务处分或者由所在机关、单位给予处分。政务处分分为：警告、记过、记大过、降级、撤职、开除六种。

15. 阻碍代表依法执行代表职务的，应承担相应的法律责任

代表法第四十四条第三款规定："阻碍代表依法执行代表职务的，根据情节，由所在单位或者上级机关给予行政处分，或者适用《中华人民共和国治安管理处罚法》第五十条的处罚规定；以暴力、威胁方法

阻碍代表依法执行代表职务的，依照刑法有关规定追究刑事责任。”代表法依据阻碍代表执行职务的情节不同，规定了三种不同的处理方式：

（1）阻碍代表执行职务，情节较轻的，给予行政处分。行政处分是由国家机关、企事业单位，依行政隶属关系，依照国家法律或有关规章制度给予有轻微违法失职错误但尚不够刑事处罚的或违反纪律的国家工作人员的一种处分。根据公务员法的规定，处分分为：警告、记过、记大过、降级、撤职、开除。公职人员有阻碍代表执行职务的，根据监察法和公职人员政务处分法的规定，也可以给予政务处分；政务处分分为：警告、记过、记大过、降级、撤职、开除。

（2）依照治安管理处罚法第五十条的规定处罚。治安管理处罚法第五十条第一款对扰乱公共秩序的行为进行处罚的规定，涉及四种扰乱公共秩序，违反治安管理的行为，其中第（二）项是对阻碍国家机关工作人员依法执行职务的规定。根据该条的规定，阻碍代表执行职务，尚不够刑事处罚的，处警告或者200元以下罚款；情节严重的，处5日以上10日以下拘留，可以并处500元以下罚款。各级人大代表属于国家权力机关组成人员，阻碍代表依法执行代表职务，可以依照治安管理处罚法给予处罚。

（3）以暴力、威胁方法阻碍代表执行职务的，依照刑法有关规定追究刑事责任。刑法第二百七十七条第一款、第二款规定：“以暴力、威胁方法阻碍国家机关工作人员依法执行职务的，处三年以下有期徒刑、拘役、管制或者罚金。以暴力、威胁方法阻碍全国人民代表大会和地方各级人民代表大会代表依法执行代表职务的，依照前款的规定处罚。”依据该条的规定，以暴力、威胁方法阻碍代表执行职务的行为，构成妨害公务罪。有几点需要注意：第一，犯罪侵害的对象必须是人大代表。第二，犯罪的行为表现为阻碍代表依法执行代表职务。第三，必须是以暴力或者威胁的方法。第四，实施本罪，只能是故意的，必须是明知侵害的对象是正在依法执行代表职务的代表。

16. 对代表依法执行代表职务进行打击报复的，应承担相应的法律责任

代表法第四十四条第四款规定：“对代表依法执行代表职务进行打击报复的，由所在单位或者上级机关责令改正或者给予行政处分；国家工作人员进行打击报复构成犯罪的，依照刑法有关规定追究刑事责任。”

人大代表在执行职务过程中，抨击时弊，提出尖锐的批评意见；依法质询有关国家机关；对违法失职的国家工作人员提出罢免案；依法行使自己的表决权等，有可能使一些人产生不快和反感，从而产生对代表进行打击报复的行为。实际中，有的代表在本级人大会议上，揭露了本单位的一些违法违纪行为，批评了一些国家工作人员的官僚主义作风和违法失职、贪污腐化行为，在回到本单位时受到不公正待遇，遭到打击报复，如被调换工作或者在工作和生活中被设置种种障碍等。这些行为是我国法律所不允许的。

对代表执行职务进行打击报复的行为，要受到严肃处理。一般的打击报复行为，由代表所在的单位或者上级机关责令打击报复者予以改正，同时也可以给予打击报复者以行政处分。国家工作人员进行打击报复，构成犯罪的，依照刑法第二百五十四条的规定追究刑事责任。

刑法第二百五十四条规定：国家机关工作人员滥用职权、假公济私，对控告人、申诉人、批评人、举报人实行报复陷害的，处 2 年以下有期徒刑或者拘役；情节严重的，处 2 年以上 7 年以下有期徒刑。根据该条的规定，国家工作人员对代表执行职务进行打击报复的，构成报复陷害罪。

第十章　对代表的监督和罢免、辞职、补选

1. 人大代表应当接受选民或者原选举单位的监督

我国宪法和相关法律，就选民和选举单位监督其选出的代表作了规定。宪法第七十七条规定："全国人民代表大会代表受原选举单位的监督。原选举单位有权依照法律规定的程序罢免本单位选出的代表。"第一百零二条规定："省、直辖市、设区的市的人民代表大会代表受原选举单位的监督；县、不设区的市、市辖区、乡、民族乡、镇的人民代表大会代表受选民的监督。地方各级人民代表大会代表的选举单位和选民有权依照法律规定的程序罢免由他们选出的代表。"选举法规定，全国和地方各级人大的代表，受选民和原选举单位的监督。代表法规定，代表应当采取多种方式经常听取人民群众对代表履职的意见，回答原选区选民或者原选举单位对代表工作和代表活动的询问，接受监督。由选民直接选举的代表应当以多种方式向原选区选民报告履职情况。全国人大组织法、地方组织法作了类似规定。具体地讲，由选民直接选举的县、乡人大代表，由选举他的选区选民来监督；由选举单位间接选举产生的人大代表，由选举他的选举单位来监督。

人大代表由选民或者选举单位选举产生，必须接受选民或者选举单位的监督。首先，这是我国一切权力属于人民的体现，是我国宪法和法律中的应有之义。按照我国宪法规定，国家的一切权力属于人民，

人民通过自己选举产生的人大代表组成全国人民代表大会和地方各级人民代表大会，行使国家权力。作为国家权力机关的组成人员，人大代表是国家权力的行使者，是人民利益的代言人和维护者，担负着反映人民要求愿望和维护人民利益的重任。人大代表执行职责的状况，直接关系到权力机关的整体效能和执政水平，关系到人民的意愿能否得到及时的表达，关系到人民管理国家的权力能否得到行使和实现，从而实现人民主权并保证国家社会的长治久安。因此，监督代表执行职务的状况，是人民主权的体现，也是人民促进代表管理好国家事务的重要方式。根据宪法和法律的规定，人大代表受原选区选民或者原选举单位的监督，原选区选民或者原选举单位有权罢免自己选出的代表。人大代表扎根于人民群众之中，接受原选区选民或者原选举单位的监督，是我国人民代表大会制度的一个特点，也是一大政治优势。代表是由人民群众选举出来的，其地位、权力是人民授予、人民委托的，代表执行职务当然要受人民的监督。人大代表只有自觉接受原选区选民或者原选举单位和人民群众的监督，才能真正代表人民的意愿，代表工作才有坚实的群众基础。

其次，任何权力都应当受到监督，人大在监督行政机关、监察机关、审判机关和检察机关的同时，自身也应接受监督。人大代表作为各级人民代表大会的组成部分，作为国家权力的行使者，当然也不例外。对人大代表进行监督，能够促使其依法行使其权力，尽职尽责地履行其职责，完成人民赋予的管理国家事务的使命。

2. 代表接受监督的途径

根据代表法的规定，代表接受监督的途径包括：

第一，代表应当采取多种方式经常听取人民群众对代表履职的意见。代表应当加强与人民群众的联系，通过多种方式、多种渠道听取人民群众对自己履行代表职责的意见，自觉接受监督。实践中，代表采取座谈、走访以及利用人大代表电子信箱、人大网站、热线电话等多种方式收集意见，密切与原选区选民或者原选举单位的联系，听取人民群众对自己履职的意见和建议。

第二，代表应当回答原选区选民或者原选举单位对代表工作和代表活动的询问。间接选举的人大代表应当回答原选举单位对代表工作和代表活动的询问；由选民直接选举的人大代表应当回答原选区选民对代表工作和代表活动的询问。回答询问，是原选区选民或者原选举单位了解代表工作情况的一条重要途径，也是加强代表监督的有效方式。询问的内容应当是代表工作和代表活动情况，代表回答既可以采取口头方式，也可以采用书面方式。

第三，由选民直接选举的代表应当以多种方式向原选区选民报告履职情况。根据这一规定，直接选举产生的代表，即不设区的市、市辖区、县、自治县、乡、民族乡、镇的人大代表，应当向选举产生他的选区的选民报告执行代表职务、开展代表活动的情况。2015年修改代表法增加规定，县级人大常委会和乡镇的人大主席团应当定期组织本级人大代表向原选区选民报告履职情况。因此，实践中，代表既要以多种方式向原选区选民报告履职情况，县级人大常委会和乡镇的人大主席团也应当定期组织代表向原选区选民报告履职情况。至于报告的形式是口头，还是书面，法律没有明确规定，根据需要确定。

代表的各项法定职权的行使情况和各项法定义务的履行情况，都是选民和选举单位监督的内容。即看代表是否模范地遵守宪法和法律，保守国家秘密；是否在自己参加的生产、工作和社会活动中，协助宪法和法律的实施；是否与原选举单位或选民保持密切联系，听取和反映人民群众的意见和要求，回答他们的询问，努力为人民服务；是否忠实履行代表职责，认真负责地行使代表权利。

3. 代表应当正确处理从事个人职业活动与执行代表职务的关系

人大代表是一种国家职务。人大代表作为各级国家权力机关的组成人员，是基于人民的委托，代表人民的利益和意志并通过集体行使职权来行使国家权力。人大代表执行代表职务的一言一行，都关系到人民的利益和意志，都关系到国家权力机关的尊严和形象。这就使得人大代表成为人民的代言人，成为党和国家与人民群众紧密联系的桥梁和纽带，因而具有崇高的政治身份。无论是哪一级的人大代表，都肩负着崇高的政治责任，在行使权力的同时必须履行相应的义务。人民选我当代表，我当代表为人民，这是代表执行代表职务的责任要求。人大代表的人民性和政治性决定，代表不能利用执行代表职务为个人的利益服务。

实践中，有的代表利用执行代表职务干涉司法机关对个案的处理，有的代表还利用执行代表职务干涉招标投标等经济活动，从中牟取个人利益，这与代表职务不符，负面影响也较大。代表参加国家权力机关的工作，执行代表职务，行使的是公权力，应当公私分明，不得从中牟取个人利益；同时，有的代表的本职工作与代表职务又有密切联系，关键是要正确处理好两者的关系。根据实践中出现的问题和有关方面的意见，代表法规定，代表应当正确处理从事个人职业活动与执行代表职务的关系，不得利用执行代表职务干涉具体司法案件或者招标投标等经济活动牟取个人利益。

任何公权力的行使都必须依据法定程序和规范。权力必须受到监督和制约，不受监督和制约的权力必然导致腐败，人大代表行使职权也不例外。我国各级人大实行民主集中制，通过举行会议审议和通过决议、决定来集体行使职权。代表是国家权力机关的组成人员，可以通过听取“一府一委两院”的工作报告，提出建议、批评和意见等方式，依法行使属于代表的各项权利。但代表个人不能行使国家权力，而是在各级人民代表大会开会期间集体讨论问题，集体决定问题。在闭会期间代表参加小组活动，进行视察和专题调研，参加执法检查等活动，联系人民群众，但是个人不直接处理问题。当然也不能干涉具体司法案件的处理和招标投标活动。作出这样的要求，既是对代表履职的规范，也避免代表履职出现利益冲突，有利于更充分、更规范地发挥代表的作用，而不是对代表权利的限制。

规定代表不得利用执行代表职务干涉具体司法案件或者招标投标等经济活动牟取个人利益，并不意味着代表对于自己了解的或者人民群众反映涉及司法部门或者经济领域的问题，可以置之不理。根据代表法的规定，代表应当与原选区选民或者原选举单位和人民群众保持密切联系，听取和反映他们的意见和要求，努力为人民服务。代表对于人民群众递交的申诉、控告和检举等信件，或者当面反映的具体问题，可以交由人大常委会办事机构转交有关机关、组织研究处理，并由有关机关、组织负责答复，人大常委会办事机构应加强督办工作。有的可以建议当事人通过一定的法律程序，直接向有关部门提出。对其中反映有关国家机关工作人员不依法行政、公正司法的问题，代表可以以书面形式提出建议，送交本级人大常委会办事机构依法按程序处理。对于一些不合适的意见或者要求、不了解的事情，代表可以配合有关方面向群众做好宣传解释工作。人大代表反映老百姓的诉求，维护人民群众的利益，一定要严格依法按照程序办事。代表对涉及本人或者亲属的具体案件或者招标投标等经济活动应当回避。对涉及解决代表个人或者亲属问题的具体案件或者经济活动的有关问题，代表可以交由人大常委会的办事机构按规定处理，不宜自己直接加以处理。

规定代表不得利用执行代表职务干涉具体司法案件或者招标投标等经济活动牟取个人利益，也不意味着不对“一府一委两院”的工作进行监督。根据宪法的规定，“一府一委两院”由人大产生，向人大负责，接受人大的监督。人大通过集体行使职权，集体决定问题，对“一府一委两院”的工作进行监督。作出这样的规定，正是把我国人民代表大会集体行使监督权和代表个人的活动正确区分开来的一个很好的原则，即由人大及其常委会集体行使对“一府一委两院”的监督权。

4. 选民或者选举单位有权罢免自己选出的人大代表

代表是由人民群众民主选举产生的，受人民群众的监督。县乡两级人大代表受原选区选民的监督。我国的宪法及其他有关法律对代表的监督罢免也作了相关的规定。宪法第一百零二条规定：“省、直辖市、设区的市的人民代表大会代表受原选举单位的监督；县、不设区的市、市辖区、乡、民族乡、镇的人民代表大会代表受选民的监督。地方各级人民代表大会代表的选举单位和选民有权依照法律规定的程序罢免由他们选出的代表。”选举法第四十九条规定：“全国和地方各级人民代表大会的代表，受选民和原选举单位的监督。选民或者选举单位都有权罢免自己选出的代表。”可见，选民或者选举单位有权依法罢免自己选出的代表，是我国宪法和法律的通行规定。

选民监督代表的形式有很多，如听取代表的工作汇报，向代表提出批评、意见和建议等。其中最根本、最重要、最严厉的一种形式是罢免，也是监督的最后手段。选民在何种情况下可以罢免自己选出的人大代表，法律没有规定。一般来说，只要代表失去了选民的信任，就可以被罢免。因此，罢免代表可以包括各种情况，既可以是代表有违法犯罪行为或工作严重失职，也可以是代表未能很好地履行代表职责。

监督代表的主体是原选区选民或者原选举单位。直接选举产生的代表由原选区的选民监督，间接选举产生的代表由选举他的人民代表大会监督，在人民代表大会闭会期间，受其常务委员会监督。中国人民解放军出席地方各级人民代表大会和全国人民代表大会的代表由军人代表大会或者军人大会选举产生，受其监督和依法罢免。

现在世界各国虽然都承认选举权是公民的一项基本权利，但对罢免制度并不是所有国家都采用。在采用罢免制的国家中，对议会议员的罢免主要有两种形式：（1）一个选区只要有若干选民签名提出罢免本选区某议员，就可以实行全区投票，以决定罢免或者留任。此种罢免权适用于议员个人。美国大部分州采用这种罢免制。（2）适用议会全体议员的罢免制。即全国选民有若干人签名就可以要求举行新议会的选举。此种罢免制实际上等于选民要求解散议会。瑞士各邦采用这种罢免形式。即使在采用罢免制的一些西方国家，往往也对罢免权的运用有很多限制。例如，对于就任不久的当选人不得要求罢免，理由是当选人是否称职非经相当时间的考验很难判明，所以一般规定 6 个月内不得提出罢免案。还有的国家规定，罢免案一经否决，对于同一被申请罢免的人，在本届任期内就不得再提出罢免的申请。

在实践中，罢免的理由可以分为以下四种：（1）违法犯罪，如违反治安管理处罚法、触犯刑法、违反保守国家秘密法等。（2）违反纪律，如违反党纪、各种工作纪律、代表纪律等。（3）政治上有问题、道德上有瑕疵，如不守政治规矩、严重损害国家和人民利益、品行不端、道德败坏等。（4）工作不称职，既可以是本职工作不称职，也可以是代表工作不称职，如本职工作不符合一般标准，没有起到模范带头作用，或者代表没有积极履行代表职务，不能充分反映原选区选民或者原选举单位的意见和要求，丧失代表作用，失去了选民或者选举单位的信任等。罢免代表，应提出罢免的理由。

5. 罢免直接选举产生的人大代表的程序

根据选举法第五十条的规定，罢免直接选举产生的人大代表的程序主要包括：

（1）对于县级的人大代表，由原选区选民 50 人以上联名，对于乡级的人大代表，由原选区选民 30 人以上联名，可以向县级的人大常委会书面提出罢免要求。联名一般应是一人领衔提议，其他人附署签名。

“罢免要求”是选民在代表任期届满以前，要求解除自己选出的代表职务的动议。它和推荐代表候选人不同，是对已经过半数当选的代表的任职否定，要求严肃、谨慎。因此，选民提出罢免要求比推荐代表候选人的联名人数要高。联名提出罢免要求是集体动议，不是分头倡议，因此，形式上一般应是一人领衔提出，其他人附署签名，个人单独分别提出不能构成联名。罢免要求还应当是书面的，即罢免对象、罢免理由、领衔人和附署人的签名都应是文字的，口头提出不能成立，口头赞同也不能作为联名。

提出罢免要求应当写明罢免理由，以便于选民作出判断。对于罢免要求除了写明罢免理由外，是否需要提供有关材料，法律未作规定。如果有现存的材料，可以作为附件提供，以增强其说服力。如果没有提供材料，也不影响罢免要求的成立。

（2）针对罢免要求提出的罢免理由，被提出罢免的代表有权在选民会议上提出申辩意见，也可以书面提出申辩意见。申辩是多方面的，包括罢免理由的事实根据、主观动机、罪错的客观原因、危害后果的轻重、事后改正情况等。口头申辩在选民全体会议或者小组会议上进行，书面申辩意见向所在的县级人大常委会提出，由县级人大常委会将书面申辩意见印发选民。

（3）县级人大常委会收到罢免要求和书面申辩意见后，应当将其印发原选区选民。同时还应对罢免要求和申辩意见进行认真研究，必要时应进行调查，了解事实真相，走访选民，征求意见。经过深入调查和核实，如果罢免要求成立，应立即着手准备表决。如果罢免要求确实由于误解和对情况不了解提出，应把问题向选民解释和说明清楚，由选民决定是否撤回。为了保证表决罢免要求的顺利进行，表决前应做好相关准备，如印制好表决票、提前通知表决时间和地点、核对选区选民人数、确定监票人、计票人等。

（4）表决罢免要求，由县级的人大常委会派有关负责人员主持。

有关负责人员可以是县级人大常委会组成人员，也可以是县级人大常委会办事机构的有关负责人员。主持人员的职责主要是监督表决程序符合法律规定，防止弄虚作假。表决的有关情况，如选区选民实有人数、参加表决的人数、发出选票数、收回选票数及赞成、反对、弃权票数等，应如实向县级人大常委会书面报告。表决对乡级人大代表的罢免要求，也可以请乡级人大主席、副主席协助。

（5）罢免代表采用无记名的表决方式，并须经原选区过半数的选民通过。罢免代表案一律采用无记名的表决方式，不能采用其他的表决方式，如举手表决、鼓掌表决等。投票人在表决时可以表示赞成、反对或弃权。如果罢免人大代表时，原选区选民数发生了变化，选民半数应按罢免时选民人数计算。同时，代表职务被罢免的，其所担任的县级人大常委会组成人员或者专门委员会成员的职务，或者乡、镇人大主席、副主席的职务相应撤销，由县级人大常委会或乡、镇人大主席团予以公告。

6. 罢免间接选举产生的人大代表的程序

罢免间接选举产生的人大代表，和罢免直接选举产生的人大代表，其程序有共同之处，主要表现在：（1）罢免案应当联名提出，个人单独不能提出。（2）罢免案应当书面提出，不能口头提出。（3）罢免案应当写明罢免的理由。（4）被提出罢免的代表有权口头或者书面申辩。（5）罢免案的表决采用无记名的表决方式。不同之处在于：（1）提出罢免案的主体不同，前者是由县级以上地方各级人大主席团或者代表联名提出，后者由原选区选民联名提出。（2）联名人数的要求不同，前者要求全体代表的十分之一以上联名才能提出，是一个相对数；后者要求选民 30 人（乡级）或者 50 人（县级）以上联名提出，是一个绝对数。（3）提请表决的主体不同，前者由大会主席团或者主任会议提请表决；后者由谁提请选民表决，法律没有规定，由于是县级人大常委会派人主持罢免，所以可以认为是县级人大常委会将罢免要求提请选民表决。(4) 罢免表决的主体不同，前者由选举产生该代表的该级人民代表大会或者常务委员会的全体会议进行罢免表决，后者则是在县级人大常委会的主持下，由原选区的选民进行罢免表决。

根据选举法的规定，罢免间接选举产生的人大代表的程序，可以分为人民代表大会会议期间和闭会期间两种情况。

在人民代表大会会议期间的程序：(1) 县级以上的地方各级人民代表大会举行会议时，主席团或者十分之一以上代表联名，可以提出对由该级人民代表大会选出的上一级人民代表大会代表的罢免案。罢免案应当写明罢免理由。(2) 被提出罢免的代表有权在主席团会议和大会全体会议上提出申辩意见，或者书面提出申辩意见，由主席团印发会议。(3) 罢免案经会议审议后，由主席团提请全体会议表决。(4) 罢免案的表决采用无记名的表决方式，并须经该级人民代表大会过半数的代表通过。(5) 罢免的决议，须报送上一级人大常委会备案、公告。

在人民代表大会闭会期间的程序：(1) 县级以上的地方各级人大常委会主任会议或者常委会五分之一以上组成人员联名，可以向常委会提出对由该级人民代表大会选出的上一级人民代表大会代表的罢免案。罢免案应当写明罢免理由。罢免代表一般应限于"个别"代表。地方组织法在第四十四条关于县级以上地方各级人大常委会职权中规定，"罢免个别代表"。"个别"的数量界限是多少，法律没有明确规定，一般来说，"个别"应相对于总数来理解，应根据具体情况严格把握。(2) 常委会会议期间，被提出罢免的代表有权在主任会议和常委会全体会议上提出申辩意见，或者书面提出申辩意见，由主任会议印发会议。(3) 罢免案经会议审议后，由主任会议提请常委会全体会议表决。(4) 罢免案的表决采用无记名的表决方式，并须经常委会组成人员的过半数通过。罢免的决议，须报送上一级人大常委会备案、公告。

代表职务被罢免的，其所担任的人大常委会组成人员或者专门委员会成员的职务相应撤销，由主席团或常委会予以公告。

7. 人大代表提出辞职的程序

代表辞职，就是指代表提出辞去代表职务。代表辞职的原因有很多种，可以是代表因工作调动、健康原因或者其他原因无法或者不愿再继续担任代表职务而提出辞职，实践中有不少是由于代表因违法违纪接受调查而提出辞职的。

关于间接选举产生的代表的辞职程序：全国人民代表大会代表，省、自治区、直辖市、设区的市、自治州的人民代表大会代表，都是间接选举产生的，他们可以向选举自己的人大常委会书面提出辞职。间接选举产生的代表，其辞职是向下一级的人大常委会提出，如全国人大代表是由省级的人民代表大会选举产生的，故其辞职是向省级的人大常委会提出；省、自治区、直辖市、设区的市、自治州的人民代表大会代表，其是从市级或县级人民代表大会选举出的，其辞职是向市级或县级的人大常委会提出。间接选举产生的代表当然也可以向选举他的人大书面提出辞职，只是县级以上地方人大会议每年一般只开一次，接受辞职在时间安排上不太方便。代表向常委会提出辞职，可以由常委会主任会议将其辞职请求提请常委会全体会议表决，决定是否接受其辞职。常委会全体会议过半数表决通过决定接受其辞职的，接受辞职的决议，须报送上一级人大常委会备案、公告。

关于直接选举产生的人大代表的辞职程序：县级人大代表可以向本级人大常委会书面提出辞职，乡级人大代表可以向本级人大书面提出辞职。选举法规定，县级的人大常委会接受辞职，须经常务委员会组成人员的过半数通过；乡级的人民代表大会接受辞职，须经人民代表大会过半数的代表通过。接受辞职的，应当予以公告。因乡级人民代表大会不设常委会，而且其人数较少，代表居住比较临近，故可以由乡级人大主席团召集乡级人大代表，召开代表大会，进行表决。

县级以上的各级人大常委会组成人员，县级以上的各级人民代表大会的专门委员会成员，辞去代表职务的请求被接受的，其常委会组成人员、专门委员会成员的职务相应终止，由常委会予以公告。乡、民族乡、镇的人大主席、副主席，辞去代表职务的请求被接受的，其主席、副主席的职务相应终止，由主席团予以公告。这里的“职务相应终止”是指随辞职请求被接受，所任上述职务自然终止，不必另行通过终止职务的决定，只需予以公告。

8. 准确把握代表辞职和罢免的界限

从法理角度来说，对代表是罢免还是接受辞职，都由原选区或者原选举单位决定。但从具体实际工作来看，地方人大在对代表采取罢免或接受辞职措施时，都是充分考虑到党的组织部门、纪检部门或司法机关的意见，有些时候也征求上级人大的意见。一般来说，罢免作为对代表最为严厉的制约手段，多数情况都是涉及严重违法违纪问题的。对代表而言，罢免是强制的、被动的，提出辞职则是自愿的、主动的。对代表罢免、辞职的界限把握，关键是看代表违法违纪的情况以及影响程度。针对现在不同选区或者选举单位对代表采取的罢免或者接受辞职的把握尺度不一致出现的偏重偏轻的问题，应当做好加强与各选区或选举单位和党委组织部门、纪检部门等沟通的有关工作。

9. 代表暂时停止执行代表职务的情形

代表应模范地遵守宪法和法律，密切联系群众，认真执行代表职务。代表如果有违法犯罪行为，是与代表的身份不相称的。如果代表因犯罪被法院判决剥夺政治权利，随着判决的生效，该代表的代表资格即行终止。如果代表的罪比较轻，法院判决处以有期徒刑、拘役或者管制，而没有附加剥夺政治权利，该代表仍然保留着代表资格。原选区选民或者原选举单位认为该代表不适合继续担任代表职务，可以依照法律规定的程序罢免该代表。原选区选民或者原选举单位如果未罢免该代表，就会出现一方面该代表被依法剥夺或者限制人身自由，另一方面作为人大代表又应当履行代表职责、执行代表职务的矛盾。如果这样的代表参加人民代表大会或者在闭会期间执行代表职务，既有损法律和司法机关的权威性，也有损国家权力机关的形象。为避免这种情况的发生，代表法作出了代表暂停执行代表职务的规定。

代表暂时停止执行代表职务有两种情形：（1）因刑事案件被羁押正在受侦查、起诉、审判的。如果代表被指控犯有刑事犯罪，依据刑事诉讼法的规定被拘留、逮捕正在受侦查、起诉、审判，由于其被羁押丧失人身自由，失去了继续执行代表职务的条件，因而在被羁押期间暂时停止执行代表职务。例如，代表在代表大会期间因刑事案件被羁押的，在被羁押期间不能继续参加代表大会的审议和其他各项活动。（2）被依法判处管制、拘役或者有期徒刑而没有附加剥夺政治权利，正在服刑的。如果代表所犯罪行较轻，被依法判处管制、拘役或者有期徒刑而没有附加剥夺政治权利，在没有其他限制条件的情况下，代表资格仍然有效，代表仍然可以执行代表职务。但由于被判处管制、拘役或者有期徒刑后，代表的人身自由已经丧失，执行代表职务的条件也不复存在，因而法律规定代表在服刑期间，暂时停止执行代表职务。2018 年监察法通过后，国家监察机关可以依法对涉嫌贪污贿赂、失职渎职等严重职务违法或者职务犯罪的公职人员采取留置措施。人大代表被采取留置措施后，人身自由被限制，实际上也不能执行代表职务，客观上也产生了暂时停止执行代表职务的效果。

根据代表法对代表司法保障的规定，对县级以上的各级人大代表采取法律规定的限制人身自由的强制措施，应当经该级人大主席团或者人大常委会许可。乡、民族乡、镇的人大代表，如果被逮捕、受刑事审判或者被采取法律规定的其他限制人身自由的措施，执行机关应当立即报告乡、民族乡、镇的人民代表大会。代表资格审查委员会应当及时了解掌握有关代表暂时停止执行代表职务的情况，向本级人民代表大会常务委员会或者乡、民族乡、镇的人民代表大会报告。

代表暂时停止执行代表职务，不意味着代表资格的终止，在代表法规定的暂时停止代表职务的情形消失后，代表恢复执行代表职务。具体来说，因刑事案件被羁押的代表，在被不予立案、撤回起诉或者宣判无罪、缓刑的情况下，由于恢复人身自由，因此恢复执行代表职务；对于服刑的代表，在刑满释放后，也可以恢复执行代表职务。同时，恢复执行代表职务还有两个限制条件：第一，代表在代表法规定的暂时停止代表职务的情形消失后，如果任期已经届满，又没有再次当选代表的，代表资格自然终止；第二，代表在被羁押或者服刑期间出现代表法规定的情形致使代表资格终止的，自然也无法恢复执行代表职务。对于代表资格终止的情形，代表法第四十九条作了明确的规定。

实践中，暂停执行代表职务的情形消失后，有关执行机关往往不能及时报告，致使人大常委会或者乡镇人民代表大会不能及时知情，只能由相关代表本人提出要求，才能恢复执行代表职务。由于代表法规定代表资格审查委员会的报告制度，因此实践中可以由代表资格审查委员会督促执行机关在代表暂时停止执行代表职务的情形在代表任期内消失后，立即向代表资格审查委员会报告，再由代表资格审查委员会向本级人大常委会或者乡、民族乡、镇的人大报告。

在立法过程中，有意见认为，代表应当模范地遵守宪法和法律，因此对于被依法判处管制、拘役或者有期徒刑而没有附加剥夺政治权利、正在服刑的人大代表，应当组织原选区选民或者原选举单位依法予以罢免，而不应仅仅暂停其职务。一般情况下，代表因刑事案件被羁押正在受侦查、起诉、审判，或者依法被判处管制、拘役、有期徒刑正在服刑的，原选区选民或者原选举单位都会依法罢免其代表职务。如因为特殊原因，原选区选民或者原选举单位不同意罢免代表的代表职务，人大常委会或者其他组织应当尊重他们的意愿，在代表恢复人身自由之前，暂时停止代表执行代表职务。被暂时停止执行代表职务的代表，在任期内暂时停止执行代表职务的情形消失后，应立即恢复其执行代表职务的权利。如果原选区选民或者原选举单位在代表出现应当暂时停止执行代表职务的情形后，提出罢免该代表的要求，人大常委会应当按照法定的程序，组织罢免该代表的代表职务。

10. 代表资格终止的情形

人大代表资格是指对经选举产生的人大代表合法身份的确认，使当选人具有依法从事国家权力机关组成人员的工作和活动的法定条件。根据全国人大组织法、地方组织法、选举法、代表法等的有关规定，各级人大代表的选举产生要依法进行，并进行代表资格审查、确认，代表资格的其他变动也要符合法律规定的程序。在各级人大代表选出后，当选代表的资格首先要经过资格审查委员会的审查，资格审查委员会主要审查在选举过程中，候选人的提名、正式代表候选人的确定、差额选举、当选人的得票数等各个法定程序是否符合法律的规定。然后，县级以上各级人大常委会根据本级代表资格审查委员会的报告，乡、镇人民代表大会根据本级代表资格审查委员会的报告，确认该代表资格是否有效。如果在审查中发现有违反法律规定程序的，县级以上各级人大常委会、乡级人民代表大会应根据本级代表资格审查委员会的报告，宣布该代表当选无效。

根据代表法的规定，代表资格终止，主要有以下七种情形：

（1）地方各级人民代表大会代表迁出或者调离本行政区域的。选举法第五十七条第二款规定，地方各级人民代表大会代表在任期内调离或者迁出本行政区域的，其代表资格自行终止，缺额另行补选。居住或者工作在本行政区域，应当是地方各级人大代表当选的重要前提，如果一位人大代表既不居住在本行政区域，也不工作在本行政区域，他就很难与本行政区域内的人民群众保持密切的联系，也很难代表本行政区域人民群众的利益和意志，参加行使国家权力，当然也就失去了作为人大代表的意义。因此，地方各级人大代表迁出或者调离本行政区域的，代表资格自行终止。地方各级人大代表在任期内调离或者迁出本行政区域的情况比较复杂，在实际执行中要仔细研究。“迁出”是指代表的住所迁出本行政区域，如某省人大代表从甲省迁到乙省居住。一般来说，调离和迁出是一致的，工作单位调离本行政区域时，其住所也迁出该行政区域。但有时两者并不是一致的，工作单位调离本行政区域，其住所并不迁出该行政区域；住所迁出本行政区域，但工作单位仍在该行政区域内。这种情况在大中城市的区县比较普遍。这种情况是否认定代表资格自行终止，要具体分析。代表短期外出（包括出国）学习、考察、接受培训、工作，也不能按调离或者迁出处理。代表在任期内调离或者迁出本行政区域，代表资格自行终止，仅适用于地方各级人大代表，不适用于全国人大代表。“调离”是指代表因工作单位变动而调离本行政区域，如某省人大代表从甲省调入乙省工作。下面几种情况不属于调离：①原工作单位归本行政区领导，工作单位变动后，新的工作单位不属于本行政区领导，但新的工作单位的住所仍然在本行政区域内的，如某市人大代表调到省里工作，省里的工作单位仍然在该市。②因工作单位变动而调离原选区或原选举单位，但新的工作单位仍然在本行政区域内的。例如，某省代表由甲市选举产生，现从本省的甲市调到乙市工作，其代表资格仍然有效。又如，由中国人民解放军选举出席省人大的代表，转业、复员后，工作单位仍然在该省的。③其他在本行政区域内变动工作单位的情况。

（2）辞职被接受的。选举法第五十五条规定，全国人民代表大会代表，省、自治区、直辖市、设区的市、自治州的人民代表大会代表，可以向选举他的人民代表大会的常务委员会书面提出辞职。常务委员会接受辞职，须经常务委员会组成人员的过半数通过。接受辞职的决议，须报送上一级人民代表大会常务委员会备案、公告。县级的人民代表大会代表可以向本级人民代表大会常务委员会书面提出辞职，乡级的人民代表大会代表可以向本级人民代表大会书面提出辞职。接受辞职的，应当予以公告。代表提出辞职并不直接生效，而要经过人大常委会或者乡镇人大决定接受辞职并通过接受辞职的决议后，方才生效，并在公告后其代表资格终止。

（3）未经批准两次不出席本级人民代表大会会议的。根据代表法相关条文的规定，代表有按时出席本级人民代表大会会议的义务，代表因健康等特殊原因不能出席会议的，应当按照规定请假。出席本级人民代表大会的会议，认真审议各项议案、报告和其他议题，发表意见，完成会议期间的各项工作，这是对人大代表最基本的要求。人大代表通过参加会议，发表意见，也是行使人民委托的权力，体现选民的利益和意志的主要形式。如果代表无故不参加人民代表大会会议，则无法实现人民委托行使的权力，是一种失职行为。因此，法律规定，代表未经批准两次不出席本级人民代表大会会议的，代表资格终止。

（4）被罢免的。代表法第四十七条规定，选民或者选举单位有权依法罢免自己选出的代表。人大代表如果被罢免，说明其已经失去了原选区选民或者原选举单位的信任，说明原选区选民或者原选举单位已不再认为该代表能够代表人民的利益和意志，参与行使国家权力了。这种情况下，代表法规定被罢免的代表资格终止是对人民选择的一种法律确认。

（5）丧失中华人民共和国国籍的。丧失中华人民共和国国籍指的是中华人民共和国公民取得他国国籍，而丧失中华人民共和国国籍的。根据我国宪法，凡具有中华人民共和国国籍的人都是中华人民共和国公民，只有中华人民共和国公民，才享有中华人民共和国的选举权和被选举权。按照我国国籍法的规定，不承认中国公民具有双重国籍。定居外国的中国公民，自愿加入或取得外国国籍的，即自动丧失中国国籍。丧失中国国籍，不再是中华人民共和国公民，也就不享有选举权和被选举权，其担任人大代表的前提条件已经不复存在。因此，代表法规定，丧失中华人民共和国国籍的，其代表资格终止。

（6）依照法律被剥夺政治权利的。根据刑法的有关规定，对于被判处死刑、无期徒刑的犯罪分子，应当附加剥夺政治权利终身；对于危害国家安全的犯罪分子应当附加剥夺政治权利；对于故意杀人、强奸、放火、爆炸、投毒、抢劫等严重破坏社会秩序的犯罪分子，可以附加剥夺政治权利。剥夺政治权利意味着选举权和被选举权、担任国家机关职务的权利都将被剥夺。代表是以享有选举权和被选举权为前提的，同时代表属于国家职务，因而被剥夺政治权利，代表资格自然终止。

（7）丧失行为能力的。行为能力，是指以自己的行为行使权利和承担义务的能力。丧失行为能力，就是失去了以自己的行为行使权利和承担义务的能力。例如，成为不能辨认自己行为的精神病人或者植物人等。人大代表代表人民的意志和利益，受人民委托行使国家权力，参加人民代表大会会议期间和闭会期间的各项活动。如果代表丧失行为能力，则无法正常执行代表职务，更无法代表人民的意志和利益行使国家权力。

此外，代表去世的，其代表资格自然终止。

11. 代表资格终止应当遵循的程序

关于代表资格终止的程序问题，代表法根据实践经验作出了规定。对于具备代表资格终止条件的县级以上各级人大代表，首先要由代表资格审查委员会报本级人大常委会，再由本级人大常委会对该代表资格的终止予以公告。对于具备代表资格终止条件的乡级人大代表，首先要由代表资格审查委员会报本级人民代表大会，再由本级人民代表大会对该代表资格的终止予以公告。

无论是县级以上各级人大代表，还是乡级人大代表，其代表资格终止，都要按照法定程序完成，否则代表资格终止就无法实现。例如，人大代表被原选举单位罢免，其代表资格并不能马上终止，而必须经过代表资格审查委员会向本级人大常委会或乡级人民代表大会报告，再由本级人大常委会或者乡级人民代表大会公告后，该代表资格才告终止。

代表是由各选区或者选举单位选举出来的，各选区或者选举单位有权罢免自己选出的代表、接受代表的辞职，当代表出缺时补选代表。当发生代表资格这些变动或发生其他代表资格终止情况时，代表所在选区或选举单位应当及时向上一级人大常委会有关机构或者乡级人民代表大会报告代表资格变动情况。上一级人大代表的资格变动，涉及上一级国家权力机关的组成以及具体工作的开展。人大常委会代表资格审查部门要与相关的选区或者选举单位以及有关方面加强沟通，了解和掌握代表职务变动的最新情况，认真答复相关的选区或选举单位关于代表资格变动的报告，为人大常委会提供工作上的主动。

12. 补选因故出缺的人大代表的程序

选举法规定，代表在任期内，因故出缺，由原选区或者原选举单位补选。根据代表法和有关法律的规定，人大代表因故出缺有以下几种情况：（1）地方各级人民代表大会代表在任期内迁出或者调离本行政区域的；（2）辞职被接受的；（3）未经批准两次不出席本级人民代表大会会议的；（4）被罢免的；（5）丧失中国国籍的；（6）依法被剥夺政治权利的；（7）丧失行为能力或死亡的。当出现以上几种情形之一的，为保持人民代表大会这个权力集体的完整性和权威性，要进行代表补选。具体来讲，县、乡两级人大代表是直接选举产生的，出缺由原选区选民补选；县级以上的各级人大代表是间接选举产生的，出缺由选举他的人民代表大会补选；县级以上的地方各级人大闭会期间，可以由本级人大常委会补选上一级出缺的人大代表。对出缺代表的补选，可以差额选举，也可以等额选举，补选的具体办法由省、自治区、直辖市人大常委会规定。根据一些地方的做法，若缺额只是个别且不影响工作，或者已临近换届，也可以不补选。补选代表的任期，到本级人大任期届满为止，不单独计算任期。

在补选代表时有几个问题需要注意：一是常委会补选代表的人数问题。选举法虽未明确补选代表中的“个别”是多少，但当出缺代表人数较多时，县级以上地方人大应当召开代表大会会议进行补选，而不能由常委会直接补选。如 2016 年在辽宁拉票贿选案中，45 名辽宁省人大选举的全国人大代表拉票贿选，被确认当选无效丧失代表资格，这就属于人数较多的情况，需要召开本级人大会议进行补选。二是补选县、乡两级人大代表时，换届后迁入本选区的选民、新满 18 周岁的选民和被剥夺政治权利期满已恢复政治权利的选民，应当予以选民登记并公布，并都有权参加选举。

补选出缺代表的具体程序，由省、自治区、直辖市人大常委会规定。从各地制定的选举实施细则来看，补选的程序比较灵活、相对简化，主要表现在：补选直接选举产生的代表，不需重新进行选民登记，只需重新核对选民名单；从公布选民名单、正式代表候选人名单到正式选举日，可以少于选举法规定的期限；代表候选人的名额可以多于应选代表名额，也可以同应选代表名额相等，既可以差额选举，也可以等额选举。至于补选的投票程序，与换届选举程序基本相同，都必须采取无记名投票，必须获得参加选举的选民过半数或者全体代表、全体常委会组成人员过半数选票，始得当选。

如果选区或者选举单位在换届选举时没有选足应选代表名额，所余名额不属于出缺，不能按补选程序选举，只能按另行选举程序选举。另外，已经当选的代表，如果代表资格审查委员会未予确认，其所缺名额不属于代表因故出缺的情况，所缺名额不能按补选程序选举，只能按另行选举程序选举。

第十一章　国家机关领导人员的选举、罢免、辞职和补选

1. 地方各级人大常委会组成人员名额的确定

地方各级人大常委会的组成有两种情况：一是省、自治区、直辖市、自治州、设区的市的人大常委会由主任、副主任若干人、秘书长、委员若干人组成；二是县、自治县、不设区的市、市辖区的人大常委会由主任、副主任若干人和委员若干人组成，不设秘书长。

常委会组成人员必须符合以下条件：（1）是本级人大代表。（2）不得兼任国家行政机关、监察机关、审判机关和检察机关的职务。如果已经担任这些职务的，必须辞去其中一个。这是为了保证人大常委会能够切实行使对“一府一委两院”的监督权、任免权，还可以保证常委会组成人员集中精力做好国家权力机关的工作。

关于常委会组成人员的名额，地方组织法第四十一条规定，省、自治区、直辖市35人至65人，人口超过8000万的省不超过85人；设区的市、自治州19人至41人，人口超过800万的设区的市不超过51人；县、自治县、不设区的市、市辖区15人至35人，人口超过100万的县、自治县、不设区的市、市辖区不超过45人。省、自治区、直辖市每届人大常委会组成人员的名额，由本级人大依照前述规定，按人口多少确定；自治州、县、自治县、市、市辖区每届人大常委会组成人员的名

额，由省、自治区、直辖市的人大常委会依照前述规定，按人口多少确定。每届人大常委会组成人员的名额经确定后，在本届人大的任期内不再变动。

2. 地方各级国家机关领导人员人选的提名

根据地方组织法第二十一条第一款的规定，县级以上的地方各级人大常委会的组成人员，乡、民族乡、镇的人大主席、副主席，省长、副省长，自治区主席、副主席，市长、副市长，州长、副州长，县长、副县长，区长、副区长，乡长、副乡长，镇长、副镇长，人民法院院长，人民检察院检察长的人选，由本级人大主席团或代表依法联合提名。从县级以上地方各级人大的实践看，对监察委员会主任的提名方式，也采取前述方式。

代表联合提名候选人问题，经历了一个不断发展完善的过程。1979 年地方组织法第十六条规定，政府正副职领导人员、县级以上地方各级人大常委会组成人员、法院院长、检察院检察长的人选，“由本级人民代表大会主席团或者代表联合提名”。没有对提名人数作出规定。为了使代表联合提名的候选人相对集中，避免过多和过于分散，1986 年修改地方组织法时，明确规定代表 10 人以上联名可以提出候选人。1995 年修改时，为使联名人数的规定更为合理，改为：省级人大代表 30 人以上联名，市级人大代表 20 人以上联名，县、乡级人大代表 10 人以上联名，可以提名候选人。这样规定既可以保证代表能够依法提出候选人，又可以避免提名的候选人过多，过于分散的现象。代表联名提出的候选人同主席团提出的候选人具有同样的法律地位，都必须列入候选人名单，交人大代表酝酿、讨论，不能只将代表联名提出的候选人交代表酝酿、讨论，更不能随意删减代表联名提出的候选人。

3. 不同选区或者选举单位的代表是否可以联名提出代表候选人

法律没有规定地方各级人大举行会议时可以组成代表团，实践中，地方各级人大举行会议一般参照全国人大的做法，按选区或选举单位组成代表团。组成代表团的目的是便于会议的组织，便于代表审议讨论问题，便于代表依法行使职权，而不是隔离代表、限制代表权利。但实践中，过去曾有地方不让代表跨团联合提名候选人，认为跨团联合提名候选人是搞非法活动或者是非组织活动，实际上把代表团变成限制代表权利的手段，这是错误的。为了杜绝这种情况的发生，地方组织法明确规定，不同选区或者选举单位选出的代表可以联合提名候选人，也就是说，代表可以在不同代表团之间征集联名。

4. 地方国家机关正职领导人员选举

根据地方组织法的规定，选举地方人大常委会主任、秘书长，乡、民族乡、镇的人大主席，人民政府正职领导人，人民法院院长，人民检察院检察长时，候选人数一般应多 1 人，进行差额选举；如果提名的候选人只有 1 人，也可以等额选举。2018 年宪法修改和监察法施行后，对地方各级监察委员会主任的选举，也应当参照这一原则。

因此，如果主席团提交全体代表酝酿、讨论地方国家机关正职领导人员的候选人只有 1 人，而代表在酝酿、讨论中，没有提出新的候选人，在这种情况下，就可以实行等额选举，但不宜在大会的选举办法中规定本次正职领导人的选举为等额选举。如果代表在酝酿、讨论中，依法联名向主席团提出了新的人选，在这种情况下，主席团则应将主席团和代表联合提出的候选人名单一并提交代表酝酿、讨论，并应依法进行差额选举。

5. 地方国家机关副职领导人员选举的差额幅度

根据地方组织法规定，地方人大常委会副主任，乡、民族乡、镇的人大副主席，人民政府副职领导人员的候选人数应比应选名额多 1 人至 3 人；人大常委会委员的候选人数应比应选名额多十分之一至五分之一。具体差额数可由本级人大依法在选举办法中加以规定。如果提名的候选人数符合选举办法规定的差额数，由主席团提交代表酝酿、讨论后，进行选举。如果提名的候选人数超过选举办法规定的差额数，由主席团提交代表酝酿、讨论后，进行预选，根据在预选中得票多少的顺序，按照选举办法规定的差额数，确定正式候选人名单，进行选举。按法律规定，提名、酝酿候选人的时间不得少于 2 天。

6. 罢免地方国家机关组成人员的程序

根据法律规定，人大主席团、常委会或代表依法联名，可以提出有关国家机关组成人员的罢免案。罢免地方国家机关组成人员的法律规定是：

（1）县级以上地方人大举行会议的时候，主席团、常委会或十分之一以上的代表联名，可以提出对本级人大常委会组成人员、人民政府组成人员、人民法院院长、人民检察院检察长的罢免案；乡镇人大举行会议的时候，主席团或者五分之一以上代表联名，可以提出对本级人大主席、副主席，乡长、副乡长，镇长、副镇长的罢免案。监察法规定，地方各级监察委员会主任由本级人民代表大会选举，根据地方组织法选举权与罢免权相统一的原则，对地方监察委员会主任的罢免，可以参照地方组织法的规定。

（2）罢免案由主席团提请大会审议。

（3）罢免案应写明罢免理由。罢免理由就是提出罢免案所依据的事实和法律依据。对于在什么情况下或对于什么样的行为可以提出罢免案，法律没有规定。但提罢免案要有充分的理由。这种理由大体包括两个方面：一是认为有违法违纪行为，二是认为有失职渎职行为。判定是否需要罢免，既要考虑情节，又要考虑后果。罢免不是一种行政处分，罢免决定一旦通过后就不存在撤销的问题。如果提出罢免的理由事后证明有不符合事实的情况，人大会议可以予以澄清但罢免决定无法撤销。因为罢免决定一经生效，被罢免的人员不再继续担任某职务的后果就已经发生，具有不可逆性。如果事后代表认为被罢免的人员可以重新担任某职务，可以进行重新选举。

（4）被提出罢免的人员有权在主席团会议或者大会全体会议上提出申辩意见。在主席团会议上提出申辩意见或书面提出申辩意见的，由大会主席团印发会议。

（5）罢免案由主席团交会议审议后，提请全体会议表决。县级以上地方各级人大提出的罢免案，还可以由主席团提议，经全体会议决定，组织特定问题调查委员会，由本级人大下次会议根据调查委员会的报告审议决定。

7. 地方国家机关组成人员辞职的程序

根据地方组织法、监察法的规定和精神，以及各地的实践，县级以上地方各级人大常委会组成人员和政府组成人员，人民法院院长，人民检察院检察长，可以向本级人大提出辞职，由大会决定是否接受辞职；大会闭会期间，可以向本级人大常委会提出辞职，由常委会决定是否接受辞职。常委会决定辞职后，报本级人大备案。人民检察院检察长辞职的，还须报上一级人民检察院检察长提请该级人大常委会批准。乡镇人大主席、副主席，乡长、副乡长，镇长、副镇长可以向本级人大提出辞职，由大会决定是否接受辞职。

8. 补选地方国家机关领导人员是否要实行差额选举

根据法律规定，补选地方人大常委会主任、副主任、秘书长、委员，乡、民族乡、镇的人大主席、副主席，省长、副省长，自治区主席、副主席，市长、副市长，州长、副州长，县长、副县长，区长、副区长，乡长、副乡长，镇长、副镇长，监察委员会主任，人民法院院长，人民检察院检察长时，既可以实行差额选举，也可以实行等额选举，具体选举办法，可由本级人大在会议上决定。

补选是指在选举产生的人员因死亡、被罢免、辞职等原因出缺而进行的补充选举。对换届选举时没有选够的应选名额进行选举，不属于补选，属于另行选举，应当按照法律关于另行选举的规定进行选举。因特殊情况确需增加个别名额的，一般应当尽量按照正常的选举程序进行。由于补选是个别情况，为简化补选工作，提高工作效率，补选可以等额选举也可以差额选举，选举的程序和方式可以适当简化。但补选应当采取无记名投票，不能采用举手表决或者电子表决器表决。因为在我国，选举意味着可以另选他人，只有投票才能另选他人，举手表决和电子表决器表决，都不能另选他人。所以，无记名投票是选举和决定人选的重要区别。补选时，候选人必须获得全体代表的过半数选票才能当选。

第十二章　对破坏选举的制裁

1. 应当根据实际情况对破坏选举的行为予以认定

选举是国家政治生活中的一件大事，选举法制定的目的之一就是保证选举依法有序进行。但是，在实际生活中，总会存在一些不依法开展选举活动的行为，严重的甚至对选举进行破坏。对这些行为进行区分和认定，对于维护选举秩序、严肃选举纪律是十分必要的。

根据选举法第五十八条的规定，破坏选举的行为包括：

（1）以金钱或者其他财物贿赂选民或者代表，妨害选民和代表自由行使选举权和被选举权。"贿赂"是指用金钱、财物等诱惑负责选举工作的人员或选民、代表，企图改变选举结果。这里的贿赂选民或者代表，在实际当中称为"贿选"。

（2）以暴力、威胁、欺骗或者其他非法手段妨害选民和代表自由行使选举权和被选举权。"暴力"是指对选民和代表实施殴打、伤害等肉体上的强制；"威胁"是指对选民和代表以杀害、殴打或者使其受到损害为手段，实施精神上的胁迫；"欺骗"是指不真实地介绍候选人的情况，或者提供其他虚假信息，企图骗取选民和代表的选票。需要注意的是，2010 年选举法修改后，要求候选人将其本人的基本情况提交到选举委员会和人大常委会，如果其基本情况后来被社会发现不符合事实或者与事实情况差别较大，就可能会被认定为有"欺骗"行为，也就可能会被认定为当选无效。

（3）伪造选举文件、虚报选举票数或者其他违法行为。“伪造选举文件”是指假冒选举主持机关的名义，制造有关选举的文件，包括选民名单、选民证、代表候选人名单、当选证书和其他有关选举的文件。“虚报选举票数”是指不按照实际投票选举结果而为某种不正当的目的弄虚作假，向选举机关报告不真实的选票数。“其他违法行为”是指能够同样达到破坏选举目的的行为，如扰乱选举会场导致选举无法进行的行为等。

（4）对于控告、检举选举中违法行为的人，或者对于提出要求罢免代表的人进行压制、报复。控告、检举选举中的违法行为是公民的重要权利，对自己选出的代表提出罢免要求，是选民和代表行使监督权的重要形式，这种权利受到法律保护。控告人、检举人是指向有关国家机关指控、告发或者揭发选举中有违法行为的人。“压制”是指有关国家机关工作人员或者其他人员利用权力或者势力给提出罢免代表要求的人在工作和生活中设置各种障碍的行为。“报复”是指有关国家机关工作人员或者其他人员有意打击提出罢免代表要求的人的行为。

对上述破坏选举的行为，要根据行为发生的时间、行为影响、社会习俗等加以全面分析、综合判断后再加以认定。第一，对以金钱或者其他财物贿赂选民或者代表，妨害选民和代表自由行使选举权和被选举权的，要予以严厉打击，坚决制止这种破坏选举的行为，但在实际操作当中，要把贿选与一般的日常的礼节性行为加以区分。例如，候选人给同是其亲戚的选民过节时送礼祝贺就不应该认定为贿赂选民；同样，候选人恰在选举期间举行的婚嫁宴请也不宜被认定为贿赂选民。第二，以暴力、威胁、欺骗或者其他非法手段妨害选民和代表自由行使选举权和被选举权的，暴力往往会造成受害人身体上的一定伤害，对其进行查验或鉴定即可；对威胁的，可根据选民的举报、指证等加以调查后，确有证据的，可予以认定；对欺骗的，可根据候选人所提供的情况与其真实情况进行比照，对于其中事实出入较大的，可以认定为欺骗。第三，对于伪造选举文件、虚报选举票数的，可通过对选举文件进行鉴定、重新清查选举票数等加以认定。第四，关于对控告、检举选举中违法行为的人，或者对提出要求罢免代表的人进行压制、报复的，可调查控告人、检举人与提出罢免人所反映的压制、报复的情况是否与其控告、检举与提出罢免等行为存在关联等加以认定，如果存在关联，则可认定为是破坏选举的行为。

2. 对破坏选举的行为，应当依法追究法律责任

为了保障选民和代表自由地行使选举权和被选举权，不受他人的干扰和支配，保证选举的真实性、公正性、权威性，保障选举工作的顺利进行，选举法、治安管理处罚法、刑法对破坏选举行为的制裁形式和法律责任的追究方式作出了规定。根据破坏选举行为的不同方式和情节，分别有以下追究法律责任的方式：

首先，对尚不构成犯罪、但违反治安管理处罚的，依法给予治安管理处罚。“治安管理处罚”是指公安机关对扰乱公共秩序，妨害公共安全，侵犯人身权利、财产权利，妨害社会管理，具有社会危害性，尚不够刑事处罚的行为，由公安机关依法给予的一种行政处罚。治安管理处罚法对破坏依法进行的选举秩序的处罚是，处警告或者 200 元以下罚款；情节较重的，处 5 日以上 10 日以下拘留，可以并处 500 元以下罚款。聚众实施破坏选举行为的，对首要分子处 10 日以上 15 日以下拘留，可以并处 1000 元以下罚款。

其次，构成犯罪的，依法追究刑事责任。“刑事责任”是指行为人对其实施的违反刑事义务的行为所应承担的一种责任，由国家审判机关依照刑法和刑事诉讼法的规定，予以制裁和追究。根据刑法的有关规定，对破坏选举的行为的刑罚方式主要有拘役、管制、有期徒刑。

再次，对于国家工作人员有破坏选举行为的，除依法给予治安管

理处罚或刑事处罚外，还应当由监察机关给予政务处分或者由所在机关、单位给予处分。这里的国家工作人员，是指监察法第十五条规定的公职人员；这里的政务处分，是指监察机关按照管理权限，加强对公职人员的监督，依法给予违法的公职人员的惩戒；这里的处分，是指公职人员任免机关、单位按照管理权限，依法给予违法的公职人员的惩戒。监察机关发现公职人员任免机关、单位应当给予处分而未给予，或者给予的处分违法、不当的，应当及时提出监察建议。

最后，对当选的人员，一旦其当选被认定为是以选举法第五十八条规定的违法行为当选的，其当选无效。各级人大常委会以及选举委员会，在发现有破坏选举的行为或者收到对破坏选举行为的举报时，应当及时依法调查处理，必要时，可以请有关机关协助调查，经充分调查、收集事实资料后，应当及时提出认定结果，并公开予以宣布。对涉及当选的人员，如果其行为被认定为是破坏选举的行为，或者其在选举过程中，存在第五十八条第一款所列的贿选、伪造选举文件等情形，其当选就应当认定为无效。当选无效应当是自始无效，即从现在追溯至其当选那一时刻起都是无效的。

3. 对破坏选举的行为和选举工作中出现的违法行为，主持选举的机构应当及时进行调查处理

近年来，选举工作虽然总的形势是好的，但是在个别地方，破坏选举的行为有所增加，为此，选举法专门就破坏选举行为的查处作了规定：主持选举的机构发现有破坏选举的行为或者收到对破坏选举行为的举报，应当及时依法调查处理；需要追究法律责任的，及时移送有关机关予以处理。

首先，对破坏选举行为的调查处理，按照选举法的规定，由主持选举的机构负责，具体而言，就是指各级人大常委会以及选举委员会。依照法律规定，全国人大常委会主持全国人大代表的选举，省、自治

区、直辖市、设区的市、自治州的人大常委会主持本级人大代表的选举，不设区的市、市辖区、县、自治县、乡、民族乡、镇设立选举委员会主持本级人大代表的选举。可见，对选举过程中破坏选举行为的查处，是由主持选举的人大常委会与选举委员会组织进行。在实践当中，选举结束后，对于破坏选举的举报的调查处理应当由哪个机构进行，法律没有明确规定。考虑到选举委员会一般只在换届选举期间临时设立，选举工作结束后，选举委员会一般即行解散，因此，在选举结束后，对破坏选举行为的调查处理，县级以上的应当由县级以上人大常委会组织进行，乡镇一级的应当由乡镇人大组织进行，乡镇人大力量不够的，可以请求县级人大常委会予以协助查处。

其次，对选举工作中出现的违法行为，由各级人大常委会以及选举委员会负责调查处理。选举工作中出现的违法行为，包括但不限于破坏选举的行为，为了区别于破坏选举的行为，这里是指选举工作未依照法定的程序进行因而违反选举法律的行为，例如，选举委员会成员未履行回避的法律要求等。对这些选举工作中的违法行为，可以向主持选举工作的选举委员会和各级人大常委会反映，选举委员会和各级人大常委会应当及时对所反映的情况进行调查，调查后发现情况属实的，应当对相关的违法行为进行纠正并作出相应的补救，从而保证选举工作都在法定的程序和轨道上进行。

主持选举的机构一旦发现有破坏选举的行为或者收到对破坏选举行为的举报，应当及时依法调查处理。这里的“及时”是指马上，从收到破坏选举的信息到查处中间几乎没有时间差，以防止证据被隐匿破坏，从而影响调查和处理。有关机构应当及时调查并作出结论，否则将使得选举结果和政治关系长期处于不稳定的状态，进而影响当地社会和政治的稳定。如果在查处时，有关机构发现相关人员构成违法违纪甚至构成犯罪的，应当及时移送有关机关予以处理。

处理破坏选举的行为和选举工作中的违法行为，是一项政策性很强的工作，要严格按照选举法、治安管理处罚法、刑法、监察法、公职人员政务处分法等法律的有关规定办事，并掌握好三个界限：一是罪与非罪的界限。涉及选举的犯罪，包括妨害选举罪和打击报复罪，其中比较复杂、掌握起来难度比较大的是贿选的认定，既不能把一般的人际交往扩大到贿选，也不能让真正的贿选行为逃避法律的制裁，要准确划分罪与非罪的界限。二是违法与违纪的界限。违法要承担法律责任，违纪要承担纪律责任，对于国家工作人员来说，违法也构成违纪，要同时承担法律责任和纪律责任；对于单独违反纪律的，要按照党政纪律严肃处理。三是故意违法与工作过失的界限。在选举工作中，有的是出于某种目的，故意伪造选举文件、虚报选举票数；而有的则是因为工作失误、粗心大意，错发选举文件、错报选举票数。两者之间有本质的不同，应当区别处理。选举工作中有的出现一些工作过错和过失，例如，错登或漏登选民、漏发选民证、遗失选票、未经选民同意删去或减少选民提出的代表候选人，等等。对上述违法现象，一经发现应立即纠正，并应对具有这类违法行为的人，进行严肃的批评教育。对其中个别情节严重，给选举工作造成不良影响的，应给予通报批评乃至纪律处分。

根据有关要求，纪检监察机关和主持选举的机构要认真受理投诉举报，及时依法依规调查处理，发现一起，查处一起，决不姑息迁就。对违犯党的纪律的，给以批评教育直至纪律处分；对涉嫌违法的，要依法处理；构成犯罪的，依法追究刑事责任。

4. 对破坏选举的制裁措施

为了切实维护我国的选举制度，保障公民自由地行使选举权利，我国刑法第二百五十六条针对破坏选举的行为规定了破坏选举罪。该罪是针对在选举各级人大代表和国家机关领导人员时，以暴力、威胁、欺骗、贿赂、伪造选举文件、虚报选举票数等手段破坏选举或者妨害选民和代表自由行使选举权和被选举权，情节严重的行为。

破坏选举罪是故意犯罪行为，构成该犯罪需满足以下犯罪构成要件：（1）犯罪主体既可以是普通公民，也可以是组织、管理选举工作的国家机关工作人员。（2）被侵犯的犯罪客体是公民的选举权和被选举权。（3）犯罪主观方面，行为人应具有破坏选举或者妨害公民自由行使选举权利的目的和故意。因此，过失行为不构成破坏选举罪。例如，由于疏忽大意遗失了选票、选民证，计算错了选票，或者公布选民名单时漏掉了选民等，影响了选举工作的正常进行。对于此类行为应当进行批评教育，情节严重的，可酌情予以行政处分。只要行为人没有破坏选举的故意，就不能以破坏选举罪论处。（4）犯罪的客观方面，破坏选举罪主要表现在：一是破坏选举工作的正常进行，如用暴力或威胁手段，阻止选举工作人员进行正常的组织和管理活动；故意扰乱选举会场，使选举无法进行；收买、贿赂选举工作人员进行舞弊活动；伪造选举文件、选票或选民证，虚报选票数；等等。二是妨害选民或代表自由行使选举权和被选举权。例如，用各种手段迫使或诱骗选民违背自己的意志进行投票，或者阻止选民投票；对于控告、检举选举中违法行为的人，或对于提出罢免代表要求的人进行压制、报复等，并且情节严重。依照法律规定，行为人只有同时具备以上四个方面要件，才构成破坏选举罪。

根据刑法的规定，构成破坏选举罪的，处3年以下有期徒刑、拘役或者剥夺政治权利。对于实施上述行为，但情节不够严重、尚不构成刑事犯罪的，可以给予相应的治安处罚。

5. 可就选举中一些问题向人民法院提出诉讼

选举诉讼是为解决选举活动中的各种争议而进行的一种诉讼，属于选举制度的重要组成部分。各国设立选举诉讼制度，是为了防止和克服选举中可能发生的各种舞弊现象，保证选举活动在法治的轨道上顺利而有秩序地进行。

选举诉讼不仅可能出现在选举结束后的争议中，也可能出现在选举过程中的每个环节上。西方国家涉及引起争议的选举诉讼大致可分为三种情况：一是选举人登记诉讼，即对选举资格有关的争议提起的诉讼；二是选举效力诉讼，即认为选举程序违法而引起的对选举效力提起的诉讼；三是当选诉讼，即对候选人当选的有效性提起的诉讼。

对于选举诉讼的处理，西方国家存在两种倾向：一种观点认为，选举是政治争议，应从政治角度处理，因而议会应在选举诉讼中承担审判职能；另一种观点认为，选举是一种依法实施的活动，由此引发的争议应依法裁判，因而应由司法机关承担审判职能。在更多的情况下，西方各国往往采取折中的做法。

按照我国选举法的规定，对于公布的选民名单有不同意见的，可以向选举委员会提出申诉。选举委员会对申诉意见，应在 3 日内作出处理决定。申诉人如果对处理决定不服，可以在选举日的 5 日以前向人民法院起诉，人民法院应在选举日以前作出判决。人民法院的判决为最后决定。根据民事诉讼法的规定，审理选民资格案件的人民法院为选区所在地基层人民法院；审理时，起诉人、选举委员会的代表和有关公民必须参加；人民法院的判决书，应当在选举日前送达选举委员会和起诉人，并通知有关公民。

6. 省级人大及其常委会可以就选举相关事项制定实施细则

选举法是有关选举国家权力机关组成人员的基本法。由于我国幅员辽阔、人口众多，各地的情况千差万别，因此，作为规范全国和地方各级国家权力机关选举的选举法，只能是对选举中普遍适用的基本原则、基本程序、基本方法以及相关的基本问题作出规定。为了使选举法在实施中能够更好地适应各地的不同情况，选举法规定，省、自治区、直辖市的人大常委会可以依法制定选举实施细则。作为全国范围遵照执行的选举法，其对选举中的许多问题，规定的是一般原则和幅度，如选举委员会的组成、代表名额的分配、少数民族的代表名额、候选人的提名等。在这种情况下，规定省级人大常委会可以制定选举实施细则，把具体的、定量的规定留待选举实施细则解决，这就使得选举法的贯彻实施能够更好地照顾到各地的实际，体现了原则性和灵活性的统一。

从各地颁布的实施细则来看，主要有两类：一类是县、乡两级人大选举实施细则，主要对直接选举中的各种问题作出具体规定；另一类是各级人大选举实施细则，不仅对直接选举，而且对间接选举的具体问题作出规定。从数量上看，前者比较多。从内容上看，主要有以下几点：（1）选举的工作机构和职责，如选举委员会的组成、职责，选举领导小组的设立等。（2）省级代表名额的分配，县、自治县、不设区的市、市辖区、自治州、设区的市的代表名额的确定，代表结构要求等。（3）选区划分的方法，如按居住状况或工作单位划分的条件和要求；选民登记办法，如外出、外来人员如何登记；投票选举办法等。（4）代表辞职程序，特别是直接选举的代表如何辞职的问题。（5）代表出缺后的补选程序。

除了省、自治区、直辖市可以制定选举实施细则外，民族自治地方可否就选举法的实施制定有关条例，作出变通规定？选举法对此未作规定。民族自治地方的自治条例和单行条例要维护国家法制的统一，不得变通宪法，不得变通法律的基本原则，不得对法律就民族自治地方作出的规定进行变通。制定自治条例和单行条例要遵循上述原则。

附　录

中华人民共和国全国人民代表大会和地方各级人民代表大会选举法

（1979年7月1日第五届全国人民代表大会第二次会议通过　根据1982年12月10日第五届全国人民代表大会第五次会议《关于修改〈中华人民共和国全国人民代表大会和地方各级人民代表大会选举法〉的若干规定的决议》第一次修正　根据1986年12月2日第六届全国人民代表大会常务委员会第十八次会议《关于修改〈中华人民共和国全国人民代表大会和地方各级人民代表大会选举法〉的决定》第二次修正　根据1995年2月28日第八届全国人民代表大会常务委员会第十二次会议《关于修改〈中华人民共和国全国人民代表大会和地方各级人民代表大会选举法〉的决定》第三次修正　根据2004年10月27日第十届全国人民代表大会常务委员会第十二次会议《关于修改〈中华人民共和国全国人民代表大会和地方各级人民代表大会选举法〉的决定》第四次修正　根据2010年3月14日第十一届全国人民代表大会第三次会议《关于修改〈中华人民共和国全国人民代表大会和地方各级人民代表大会选举法〉的决定》第五次修正　根据2015年8月29日第十二届全国人民代表大会常务委员会第十六次会议《关于修改〈中华人民共和国地方各级人民代表大会和地方各级人民政府组织法〉、〈中华人民共和国全国人民代表大会和地方各级人民代表大会选举法〉、〈中华人民共和国全国人民代表大会和地方各级人民代表大会代表法〉的决定》第六次修正　根据2020年10月17日第十三届全国人民代表大会常务委员会第二十二次会议《关于修改〈中华人民共和国全国人民代表大会和地方各级人民代表大会选举法〉的决定》第七次修正）

目　　录

第一章　总　　则

第一条　根据中华人民共和国宪法，制定全国人民代表大会和地方各级人民代表大会选举法。

第二条　全国人民代表大会和地方各级人民代表大会代表的选举工作，坚持中国共产党的领导，坚持充分发扬民主，坚持严格依法办事。

第三条　全国人民代表大会的代表，省、自治区、直辖市、设区的市、自治州的人民代表大会的代表，由下一级人民代表大会选举。

不设区的市、市辖区、县、自治县、乡、民族乡、镇的人民代表大会的代表，由选民直接选举。

第四条　中华人民共和国年满十八周岁的公民，不分民族、种族、性别、职业、家庭出身、宗教信仰、教育程度、财产状况和居住期限，都有选举权和被选举权。

依照法律被剥夺政治权利的人没有选举权和被选举权。

第五条　每一选民在一次选举中只有一个投票权。

第六条　人民解放军单独进行选举，选举办法另订。

第七条　全国人民代表大会和地方各级人民代表大会的代表应当具有广泛的代表性，应当有适当数量的基层代表，特别是工人、农民和知识分子代表；应当有适当数量的妇女代表，并逐步提高妇女代表的比例。

全国人民代表大会和归侨人数较多地区的地方人民代表大会，应当有适当名额的归侨代表。

旅居国外的中华人民共和国公民在县级以下人民代表大会代表选举期间在国内的，可以参加原籍地或者出国前居住地的选举。

第八条 全国人民代表大会和地方各级人民代表大会的选举经费，列入财政预算，由国库开支。

第二章 选举机构

第九条 全国人民代表大会常务委员会主持全国人民代表大会代表的选举。省、自治区、直辖市、设区的市、自治州的人民代表大会常务委员会主持本级人民代表大会代表的选举。

不设区的市、市辖区、县、自治县、乡、民族乡、镇设立选举委员会，主持本级人民代表大会代表的选举。不设区的市、市辖区、县、自治县的选举委员会受本级人民代表大会常务委员会的领导。乡、民族乡、镇的选举委员会受不设区的市、市辖区、县、自治县的人民代表大会常务委员会的领导。

省、自治区、直辖市、设区的市、自治州的人民代表大会常务委员会指导本行政区域内县级以下人民代表大会代表的选举工作。

第十条 不设区的市、市辖区、县、自治县的选举委员会的组成人员由本级人民代表大会常务委员会任命。乡、民族乡、镇的选举委员会的组成人员由不设区的市、市辖区、县、自治县的人民代表大会常务委员会任命。

选举委员会的组成人员为代表候选人的，应当辞去选举委员会的职务。

第十一条 选举委员会履行下列职责：

（一）划分选举本级人民代表大会代表的选区，分配各选区应选代表的名额；

（二）进行选民登记，审查选民资格，公布选民名单；受理对于选民名单不同意见的申诉，并作出决定；

（三）确定选举日期；

（四）了解核实并组织介绍代表候选人的情况；根据较多数选民的意见，确定和公布正式代表候选人名单；

（五）主持投票选举；

（六）确定选举结果是否有效，公布当选代表名单；

（七）法律规定的其他职责。

选举委员会应当及时公布选举信息。

第三章　地方各级人民代表大会代表名额

第十二条　地方各级人民代表大会的代表名额，按照下列规定确定：

（一）省、自治区、直辖市的代表名额基数为三百五十名，省、自治区每十五万人可以增加一名代表，直辖市每二万五千人可以增加一名代表；但是，代表总名额不得超过一千名；

（二）设区的市、自治州的代表名额基数为二百四十名，每二万五千人可以增加一名代表；人口超过一千万的，代表总名额不得超过六百五十名；

（三）不设区的市、市辖区、县、自治县的代表名额基数为一百四十名，每五千人可以增加一名代表；人口超过一百五十五万的，代表总名额不得超过四百五十名；人口不足五万的，代表总名额可以少于一百四十名；

（四）乡、民族乡、镇的代表名额基数为四十五名，每一千五百人可以增加一名代表；但是，代表总名额不得超过一百六十名；人口不足二千的，代表总名额可以少于四十五名。

按照前款规定的地方各级人民代表大会的代表名额基数与按人口数增加的代表数相加，即为地方各级人民代表大会的代表总名额。

自治区、聚居的少数民族多的省，经全国人民代表大会常务委员会决定，代表名额可以另加百分之五。聚居的少数民族多或者人口居住分散的县、自治县、乡、民族乡，经省、自治区、直辖市的人民代表大会常务委员会决定，代表名额可以另加百分之五。

第十三条　省、自治区、直辖市的人民代表大会代表的具体名额，由全国人民代表大会常务委员会依照本法确定。设区的市、自治州和县级的人民代表大会代表的具体名额，由省、自治区、直辖市的人民代表大会常务委员会依照本法确定，报全国人民代表大会常务委员会备案。乡级的人民代表大会代表的具体名额，由县级的人民代表大会常务委员会依照本法确定，报上一级人民代表大会常务委员会备案。

第十四条 地方各级人民代表大会的代表总名额经确定后，不再变动。如果由于行政区划变动或者由于重大工程建设等原因造成人口较大变动的，该级人民代表大会的代表总名额依照本法的规定重新确定。

依照前款规定重新确定代表名额的，省、自治区、直辖市的人民代表大会常务委员会应当在三十日内将重新确定代表名额的情况报全国人民代表大会常务委员会备案。

第十五条 地方各级人民代表大会代表名额，由本级人民代表大会常务委员会或者本级选举委员会根据本行政区域所辖的下一级各行政区域或者各选区的人口数，按照每一代表所代表的城乡人口数相同的原则，以及保证各地区、各民族、各方面都有适当数量代表的要求进行分配。在县、自治县的人民代表大会中，人口特少的乡、民族乡、镇，至少应有代表一人。

地方各级人民代表大会代表名额的分配办法，由省、自治区、直辖市人民代表大会常务委员会参照全国人民代表大会代表名额分配的办法，结合本地区的具体情况规定。

第四章 全国人民代表大会代表名额

第十六条 全国人民代表大会的代表，由省、自治区、直辖市的人民代表大会和人民解放军选举产生。

全国人民代表大会代表的名额不超过三千人。

香港特别行政区、澳门特别行政区应选全国人民代表大会代表的名额和代表产生办法，由全国人民代表大会另行规定。

第十七条 全国人民代表大会代表名额，由全国人民代表大会常务委员会根据各省、自治区、直辖市的人口数，按照每一代表所代表的城乡人口数相同的原则，以及保证各地区、各民族、各方面都有适当数量代表的要求进行分配。

省、自治区、直辖市应选全国人民代表大会代表名额，由根据人口数计算确定的名额数、相同的地区基本名额数和其他应选名额数构成。

全国人民代表大会代表名额的具体分配，由全国人民代表大会常务委员会决定。

第十八条 全国少数民族应选全国人民代表大会代表，由全国人民代表大会常务委员会参照各少数民族的人口数和分布等情况，分配给各省、自治区、直辖市的人民代表大会选出。人口特少的民族，至少应有代表一人。

第五章 各少数民族的选举

第十九条 有少数民族聚居的地方，每一聚居的少数民族都应有代表参加当地的人民代表大会。

聚居境内同一少数民族的总人口数占境内总人口数百分之三十以上的，每一代表所代表的人口数应相当于当地人民代表大会每一代表所代表的人口数。

聚居境内同一少数民族的总人口数不足境内总人口数百分之十五的，每一代表所代表的人口数可以适当少于当地人民代表大会每一代表所代表的人口数，但不得少于二分之一；实行区域自治的民族人口特少的自治县，经省、自治区的人民代表大会常务委员会决定，可以少于二分之一。人口特少的其他聚居民族，至少应有代表一人。

聚居境内同一少数民族的总人口数占境内总人口数百分之十五以上、不足百分之三十的，每一代表所代表的人口数，可以适当少于当地人民代表大会每一代表所代表的人口数，但分配给该少数民族的应选代表名额不得超过代表总名额的百分之三十。

第二十条 自治区、自治州、自治县和有少数民族聚居的乡、民族乡、镇的人民代表大会，对于聚居在境内的其他少数民族和汉族代表的选举，适用本法第十九条的规定。

第二十一条 散居的少数民族应选当地人民代表大会的代表，每一代表所代表的人口数可以少于当地人民代表大会每一代表所代表的人口数。

自治区、自治州、自治县和有少数民族聚居的乡、民族乡、镇的人民代表大会，对于散居的其他少数民族和汉族代表的选举，适用前款的规定。

第二十二条 有少数民族聚居的不设区的市、市辖区、县、乡、民族乡、镇的人民代表大会代表的产生，按照当地的民族关系和居住状况，各少数民族选民可以单独选举或者联合选举。

自治县和有少数民族聚居的乡、民族乡、镇的人民代表大会，对于居住在境内的其他少数民族和汉族代表的选举办法，适用前款的规定。

第二十三条 自治区、自治州、自治县制定或者公布的选举文件、选民名单、选民证、代表候选人名单、代表当选证书和选举委员会的印章等，都应当同时使用当地通用的民族文字。

第二十四条 少数民族选举的其他事项，参照本法有关各条的规定办理。

第六章 选区划分

第二十五条 不设区的市、市辖区、县、自治县、乡、民族乡、镇的人民代表大会的代表名额分配到选区，按选区进行选举。选区可以按居住状况划分，也可以按生产单位、事业单位、工作单位划分。

选区的大小，按照每一选区选一名至三名代表划分。

第二十六条 本行政区域内各选区每一代表所代表的人口数应当大体相等。

第七章 选民登记

第二十七条 选民登记按选区进行，经登记确认的选民资格长期有效。每次选举前对上次选民登记以后新满十八周岁的、被剥夺政治权利期满后恢复政治权利的选民，予以登记。对选民经登记后迁出原选区的，列入新迁入的选区的选民名单；对死亡的和依照法律被剥夺政治权利的人，从选民名单上除名。

精神病患者不能行使选举权利的，经选举委员会确认，不列入选民名单。

第二十八条 选民名单应在选举日的二十日以前公布，实行凭选民证参加投票选举的，并应当发给选民证。

第二十九条 对于公布的选民名单有不同意见的，可以在选民名单公布之日起五日内向选举委员会提出申诉。选举委员会对申诉意见，应在三日内作出处理决定。申诉人如果对处理决定不服，可以在选举日的五日以前向人民法院起诉，人民法院应在选举日以前作出判决。人民法院的判决为最后决定。

第八章 代表候选人的提出

第三十条 全国和地方各级人民代表大会的代表候选人，按选区或者选举单位提名产生。

各政党、各人民团体，可以联合或者单独推荐代表候选人。选民或者代表，十人以上联名，也可以推荐代表候选人。推荐者应向选举委员会或者大会主席团介绍代表候选人的情况。接受推荐的代表候选人应当向选举委员会或者大会主席团如实提供个人身份、简历等基本情况。提供的基本情况不实的，选举委员会或者大会主席团应当向选民或者代表通报。

各政党、各人民团体联合或者单独推荐的代表候选人的人数，每一选民或者代表参加联名推荐的代表候选人的人数，均不得超过本选区或者选举单位应选代表的名额。

第三十一条 全国和地方各级人民代表大会代表实行差额选举，代表候选人的人数应多于应选代表的名额。

由选民直接选举人民代表大会代表的，代表候选人的人数应多于应选代表名额三分之一至一倍；由县级以上的地方各级人民代表大会选举上一级人民代表大会代表的，代表候选人的人数应多于应选代表名额五分之一至二分之一。

第三十二条 由选民直接选举人民代表大会代表的，代表候选人由各选区选民和各政党、各人民团体提名推荐。选举委员会汇总后，将代表候选人名单及代表候选人的基本情况在选举日的十五日以前公布，并交各该选区的选民小组讨论、协商，确定正式代表候选人名单。如果所提代表候选人的人数超过本法第三十一条规定的最高差额比例，由选举委员会交各该选区的选民小组讨论、协商，根据较多数选民的意见，确定正式代表候选人名单；对正式代表候选人不能形成较为一致意见的，进行预选，根据预选时得票多少的顺序，确定正式代表候选人名单。正式代表候选人名单及代表候选人的基本情况应当在选举日的七日以前公布。

县级以上的地方各级人民代表大会在选举上一级人民代表大会代表时，提名、酝酿代表候选人的时间不得少于两天。各该级人民代表大会主席团将依法提出的代表候选人名单及代表候选人的基本情况印发全体代表，由全体代表酝酿、讨论。如果所提代表候选人的人数符合本法第三十一条规定的差额比例，直接进行投票选举。如果所提代表候选人的人数超过本法第三十一条规定的最高差额比例，进行预选，根据预选时得票多少的顺序，按照本级人民代表大会的选举办法根据本法确定的具体差额比例，确定正式代表候选人名单，进行投票选举。

第三十三条 县级以上的地方各级人民代表大会在选举上一级人民代表大会代表时，代表候选人不限于各该级人民代表大会的代表。

第三十四条 选举委员会或者人民代表大会主席团应当向选民或者代表介绍代表候选人的情况。推荐代表候选人的政党、人民团体和选民、代表可以在选民小组或者代表小组会议上介绍所推荐的代表候选人的情况。选举委员会根据选民的要求，应当组织代表候选人与选民见面，由代表候选人介绍本人的情况，回答选民的问题。但是，在选举日必须停止代表候选人的介绍。

第三十五条 公民参加各级人民代表大会代表的选举，不得直接或者间接接受境外机构、组织、个人提供的与选举有关的任何形式的资助。

违反前款规定的，不列入代表候选人名单；已经列入代表候选人名单的，从名单中除名；已经当选的，其当选无效。

第九章 选举程序

第三十六条 全国人民代表大会和地方各级人民代表大会代表的选举，应当严格依照法定程序进行，并接受监督。任何组织或者个人都不得以任何方式干预选民或者代表自由行使选举权。

第三十七条 在选民直接选举人民代表大会代表时，选民根据选举委员会的规定，凭身份证或者选民证领取选票。

第三十八条 选举委员会应当根据各选区选民分布状况，按照方便选民投票的原则设立投票站，进行选举。选民居住比较集中的，可以召开选举大会，进行选举；因患有疾病等原因行动不便或者居住分散并且交通不便的选民，可以在流动票箱投票。

第三十九条 县级以上的地方各级人民代表大会在选举上一级人民代表大会代表时，由各该级人民代表大会主席团主持。

第四十条 全国和地方各级人民代表大会代表的选举，一律采用无记名投票的方法。选举时应当设有秘密写票处。

选民如果是文盲或者因残疾不能写选票的，可以委托他信任的人代写。

第四十一条 选举人对于代表候选人可以投赞成票，可以投反对票，可以另选其他任何选民，也可以弃权。

第四十二条 选民如果在选举期间外出，经选举委员会同意，可以书面委托其他选民代为投票。每一选民接受的委托不得超过三人，并应当按照委托人的意愿代为投票。

第四十三条 投票结束后，由选民或者代表推选的监票、计票人员和选举委员会或者人民代表大会主席团的人员将投票人数和票数加以核对，作出记录，并由监票人签字。

代表候选人的近亲属不得担任监票人、计票人。

第四十四条 每次选举所投的票数，多于投票人数的无效，等于或者少于投票人数的有效。

每一选票所选的人数，多于规定应选代表人数的作废，等于或者少于规定应选代表人数的有效。

第四十五条 在选民直接选举人民代表大会代表时，选区全体选民的过半数参加投票，选举有效。代表候选人获得参加投票的选民过半数的选票时，始得当选。

县级以上的地方各级人民代表大会在选举上一级人民代表大会代表时，代表候选人获得全体代表过半数的选票时，始得当选。

获得过半数选票的代表候选人的人数超过应选代表名额时，以得票多的当选。如遇票数相等不能确定当选人时，应当就票数相等的候选人再次投票，以得票多的当选。

获得过半数选票的当选代表的人数少于应选代表的名额时，不足的名额另行选举。另行选举时，根据在第一次投票时得票多少的顺序，按照本法第三十一条规定的差额比例，确定候选人名单。如果只选一人，候选人应为二人。

依照前款规定另行选举县级和乡级的人民代表大会代表时，代表候选人以得票多的当选，但是得票数不得少于选票的三分之一；县级以上的地方各级人民代表大会在另行选举上一级人民代表大会代表时，代表候选人获得全体代表过半数的选票，始得当选。

第四十六条 选举结果由选举委员会或者人民代表大会主席团根据本法

确定是否有效，并予以宣布。

当选代表名单由选举委员会或者人民代表大会主席团予以公布。

第四十七条 代表资格审查委员会依法对当选代表是否符合宪法、法律规定的代表的基本条件，选举是否符合法律规定的程序，以及是否存在破坏选举和其他当选无效的违法行为进行审查，提出代表当选是否有效的意见，向本级人民代表大会常务委员会或者乡、民族乡、镇的人民代表大会主席团报告。

县级以上的各级人民代表大会常务委员会或者乡、民族乡、镇的人民代表大会主席团根据代表资格审查委员会提出的报告，确认代表的资格或者确定代表的当选无效，在每届人民代表大会第一次会议前公布代表名单。

第四十八条 公民不得同时担任两个以上无隶属关系的行政区域的人民代表大会代表。

第十章 对代表的监督和罢免、辞职、补选

第四十九条 全国和地方各级人民代表大会的代表，受选民和原选举单位的监督。选民或者选举单位都有权罢免自己选出的代表。

第五十条 对于县级的人民代表大会代表，原选区选民五十人以上联名，对于乡级的人民代表大会代表，原选区选民三十人以上联名，可以向县级的人民代表大会常务委员会书面提出罢免要求。

罢免要求应当写明罢免理由。被提出罢免的代表有权在选民会议上提出申辩意见，也可以书面提出申辩意见。

县级的人民代表大会常务委员会应当将罢免要求和被提出罢免的代表的书面申辩意见印发原选区选民。

表决罢免要求，由县级的人民代表大会常务委员会派有关负责人员主持。

第五十一条 县级以上的地方各级人民代表大会举行会议的时候，主席团或者十分之一以上代表联名，可以提出对由该级人民代表大会选出的上一级人民代表大会代表的罢免案。在人民代表大会闭会期间，县级以上的地方各级人民代表大会常务委员会主任会议或者常务委员会五分之一以上组成人员联名，可以向常务委员会提出对由该级人民代表大会选出的上一级人民代表大会代表的罢免案。罢免案应当写明罢免理由。

县级以上的地方各级人民代表大会举行会议的时候，被提出罢免的代表

有权在主席团会议和大会全体会议上提出申辩意见，或者书面提出申辩意见，由主席团印发会议。罢免案经会议审议后，由主席团提请全体会议表决。

县级以上的地方各级人民代表大会常务委员会举行会议的时候，被提出罢免的代表有权在主任会议和常务委员会全体会议上提出申辩意见，或者书面提出申辩意见，由主任会议印发会议。罢免案经会议审议后，由主任会议提请全体会议表决。

第五十二条 罢免代表采用无记名的表决方式。

第五十三条 罢免县级和乡级的人民代表大会代表，须经原选区过半数的选民通过。

罢免由县级以上的地方各级人民代表大会选出的代表，须经各该级人民代表大会过半数的代表通过；在代表大会闭会期间，须经常务委员会组成人员的过半数通过。罢免的决议，须报送上一级人民代表大会常务委员会备案、公告。

第五十四条 县级以上的各级人民代表大会常务委员会组成人员，县级以上的各级人民代表大会专门委员会成员的代表职务被罢免的，其常务委员会组成人员或者专门委员会成员的职务相应撤销，由主席团或者常务委员会予以公告。

乡、民族乡、镇的人民代表大会主席、副主席的代表职务被罢免的，其主席、副主席的职务相应撤销，由主席团予以公告。

第五十五条 全国人民代表大会代表，省、自治区、直辖市、设区的市、自治州的人民代表大会代表，可以向选举他的人民代表大会的常务委员会书面提出辞职。常务委员会接受辞职，须经常务委员会组成人员的过半数通过。接受辞职的决议，须报送上一级人民代表大会常务委员会备案、公告。

县级的人民代表大会代表可以向本级人民代表大会常务委员会书面提出辞职，乡级的人民代表大会代表可以向本级人民代表大会书面提出辞职。县级的人民代表大会常务委员会接受辞职，须经常务委员会组成人员的过半数通过。乡级的人民代表大会接受辞职，须经人民代表大会过半数的代表通过。接受辞职的，应当予以公告。

第五十六条 县级以上的各级人民代表大会常务委员会组成人员，县级以上的各级人民代表大会的专门委员会成员，辞去代表职务的请求被接受的，其常务委员会组成人员、专门委员会成员的职务相应终止，由常务委员会予以公告。

乡、民族乡、镇的人民代表大会主席、副主席，辞去代表职务的请求被接受的，其主席、副主席的职务相应终止，由主席团予以公告。

第五十七条 代表在任期内，因故出缺，由原选区或者原选举单位补选。

地方各级人民代表大会代表在任期内调离或者迁出本行政区域的，其代表资格自行终止，缺额另行补选。

县级以上的地方各级人民代表大会闭会期间，可以由本级人民代表大会常务委员会补选上一级人民代表大会代表。

补选出缺的代表时，代表候选人的名额可以多于应选代表的名额，也可以同应选代表的名额相等。补选的具体办法，由省、自治区、直辖市的人民代表大会常务委员会规定。

对补选产生的代表，依照本法第四十七条的规定进行代表资格审查。

第十一章 对破坏选举的制裁

第五十八条 为保障选民和代表自由行使选举权和被选举权，对有下列行为之一，破坏选举，违反治安管理规定的，依法给予治安管理处罚；构成犯罪的，依法追究刑事责任：

（一）以金钱或者其他财物贿赂选民或者代表，妨害选民和代表自由行使选举权和被选举权的；

（二）以暴力、威胁、欺骗或者其他非法手段妨害选民和代表自由行使选举权和被选举权的；

（三）伪造选举文件、虚报选举票数或者有其他违法行为的；

（四）对于控告、检举选举中违法行为的人，或者对于提出要求罢免代表的人进行压制、报复的。

国家工作人员有前款所列行为的，还应当由监察机关给予政务处分或者由所在机关、单位给予处分。

以本条第一款所列违法行为当选的，其当选无效。

第五十九条 主持选举的机构发现有破坏选举的行为或者收到对破坏选举行为的举报，应当及时依法调查处理；需要追究法律责任的，及时移送有关机关予以处理。

第十二章 附 则

第六十条 省、自治区、直辖市的人民代表大会及其常务委员会根据本法可以制定选举实施细则，报全国人民代表大会常务委员会备案。

中华人民共和国全国人民代表大会和地方各级人民代表大会代表法

（1992年4月3日第七届全国人民代表大会第五次会议通过　根据2009年8月27日第十一届全国人民代表大会常务委员会第十次会议《关于修改部分法律的决定》第一次修正　根据2010年10月28日第十一届全国人民代表大会常务委员会第十七次会议《关于修改〈中华人民共和国全国人民代表大会和地方各级人民代表大会代表法〉的决定》第二次修正　根据2015年8月29日第十二届全国人民代表大会常务委员会第十六次会议《关于修改〈中华人民共和国地方各级人民代表大会和地方各级人民政府组织法〉、〈中华人民共和国全国人民代表大会和地方各级人民代表大会选举法〉、〈中华人民共和国全国人民代表大会和地方各级人民代表大会代表法〉的决定》第三次修正）

目　　录

第一章　总　　则

第一条　为保证全国人民代表大会和地方各级人民代表大会代表依法行使代表的职权，履行代表的义务，发挥代表作用，根据宪法，制定本法。

第二条　全国人民代表大会和地方各级人民代表大会代表依照法律规定选举产生。

全国人民代表大会代表是最高国家权力机关组成人员，地方各级人民代表大会代表是地方各级国家权力机关组成人员。

全国人民代表大会和地方各级人民代表大会代表，代表人民的利益和意志，依照宪法和法律赋予本级人民代表大会的各项职权，参加行使国家权力。

第三条 代表享有下列权利：

（一）出席本级人民代表大会会议，参加审议各项议案、报告和其他议题，发表意见；

（二）依法联名提出议案、质询案、罢免案等；

（三）提出对各方面工作的建议、批评和意见；

（四）参加本级人民代表大会的各项选举；

（五）参加本级人民代表大会的各项表决；

（六）获得依法执行代表职务所需的信息和各项保障；

（七）法律规定的其他权利。

第四条 代表应当履行下列义务：

（一）模范地遵守宪法和法律，保守国家秘密，在自己参加的生产、工作和社会活动中，协助宪法和法律的实施；

（二）按时出席本级人民代表大会会议，认真审议各项议案、报告和其他议题，发表意见，做好会议期间的各项工作；

（三）积极参加统一组织的视察、专题调研、执法检查等履职活动；

（四）加强履职学习和调查研究，不断提高执行代表职务的能力；

（五）与原选区选民或者原选举单位和人民群众保持密切联系，听取和反映他们的意见和要求，努力为人民服务；

（六）自觉遵守社会公德，廉洁自律，公道正派，勤勉尽责；

（七）法律规定的其他义务。

第五条 代表依照本法的规定在本级人民代表大会会议期间的工作和在本级人民代表大会闭会期间的活动，都是执行代表职务。

国家和社会为代表执行代表职务提供保障。

代表不脱离各自的生产和工作。代表出席本级人民代表大会会议，参加闭会期间统一组织的履职活动，应当安排好本人的生产和工作，优先执行代表职务。

第六条 代表受原选区选民或者原选举单位的监督。

第二章　代表在本级人民代表大会会议期间的工作

第七条　代表应当按时出席本级人民代表大会会议。代表因健康等特殊原因不能出席会议的，应当按照规定请假。

代表在出席本级人民代表大会会议前，应当听取人民群众的意见和建议，为会议期间执行代表职务做好准备。

第八条　代表参加大会全体会议、代表团全体会议、小组会议，审议列入会议议程的各项议案和报告。

代表可以被推选或者受邀请列席主席团会议、专门委员会会议，发表意见。

代表应当围绕会议议题发表意见，遵守议事规则。

第九条　代表有权依照法律规定的程序向本级人民代表大会提出属于本级人民代表大会职权范围内的议案。议案应当有案由、案据和方案。

代表依法提出的议案，由本级人民代表大会主席团决定是否列入会议议程，或者先交有关的专门委员会审议、提出是否列入会议议程的意见，再决定是否列入会议议程。

列入会议议程的议案，在交付大会表决前，提出议案的代表要求撤回的，经主席团同意，会议对该项议案的审议即行终止。

第十条　全国人民代表大会代表，有权依照宪法规定的程序向全国人民代表大会提出修改宪法的议案。

第十一条　代表参加本级人民代表大会的各项选举。

全国人民代表大会代表有权对主席团提名的全国人民代表大会常务委员会组成人员的人选，中华人民共和国主席、副主席的人选，中央军事委员会主席的人选，最高人民法院院长和最高人民检察院检察长的人选，全国人民代表大会各专门委员会的人选，提出意见。

县级以上的地方各级人民代表大会代表有权依照法律规定的程序提出本级人民代表大会常务委员会的组成人员，人民政府领导人员，人民法院院长，人民检察院检察长以及上一级人民代表大会代表的人选，并有权对本级人民代表大会主席团和代表依法提出的上述人员的人选提出意见。

乡、民族乡、镇的人民代表大会代表有权依照法律规定的程序提出本级人民代表大会主席、副主席和人民政府领导人员的人选，并有权对本级人民代表大会主席团和代表依法提出的上述人员的人选提出意见。

各级人民代表大会代表有权对本级人民代表大会主席团的人选，提出意见。

代表对确定的候选人，可以投赞成票，可以投反对票，可以另选他人，也可以弃权。

第十二条 全国人民代表大会代表参加决定国务院组成人员和中央军事委员会副主席、委员的人选。

县级以上的各级人民代表大会代表参加表决通过本级人民代表大会各专门委员会组成人员的人选。

第十三条 代表在审议议案和报告时，可以向本级有关国家机关提出询问。有关国家机关应当派负责人或者负责人员回答询问。

第十四条 全国人民代表大会会议期间，一个代表团或者三十名以上的代表联名，有权书面提出对国务院和国务院各部、各委员会，最高人民法院，最高人民检察院的质询案。

县级以上的地方各级人民代表大会代表有权依照法律规定的程序提出对本级人民政府及其所属各部门，人民法院，人民检察院的质询案。

乡、民族乡、镇的人民代表大会代表有权依照法律规定的程序提出对本级人民政府的质询案。

质询案应当写明质询对象、质询的问题和内容。

质询案按照主席团的决定由受质询机关答复。提出质询案的代表半数以上对答复不满意的，可以要求受质询机关再作答复。

第十五条 全国人民代表大会代表有权依照法律规定的程序提出对全国人民代表大会常务委员会组成人员，中华人民共和国主席、副主席，国务院组成人员，中央军事委员会组成人员，最高人民法院院长，最高人民检察院检察长的罢免案。

县级以上的地方各级人民代表大会代表有权依照法律规定的程序提出对本级人民代表大会常务委员会组成人员，人民政府组成人员，人民法院院长，人民检察院检察长的罢免案。

乡、民族乡、镇的人民代表大会代表有权依照法律规定的程序提出对本级人民代表大会主席、副主席和人民政府领导人员的罢免案。

罢免案应当写明罢免的理由。

第十六条 县级以上的各级人民代表大会代表有权依法提议组织关于特定问题的调查委员会。

第十七条 代表参加本级人民代表大会表决，可以投赞成票，可以投反对票，也可以弃权。

第十八条 代表有权向本级人民代表大会提出对各方面工作的建议、批评和意见。建议、批评和意见应当明确具体，注重反映实际情况和问题。

第三章 代表在本级人民代表大会闭会期间的活动

第十九条 县级以上的各级人民代表大会常务委员会组织本级人民代表大会代表开展闭会期间的活动。

县级以上的地方各级人民代表大会常务委员会受上一级人民代表大会常务委员会的委托，组织本级人民代表大会选举产生的上一级人民代表大会代表开展闭会期间的活动。

乡、民族乡、镇的人民代表大会主席、副主席根据主席团的安排，组织本级人民代表大会代表开展闭会期间的活动。

第二十条 代表在闭会期间的活动以集体活动为主，以代表小组活动为基本形式。代表可以通过多种方式听取、反映原选区选民或者原选举单位的意见和要求。

第二十一条 县级以上的各级人民代表大会代表，在本级或者下级人民代表大会常务委员会协助下，可以按照便于组织和开展活动的原则组成代表小组。

县级以上的各级人民代表大会代表，可以参加下级人民代表大会代表的代表小组活动。

第二十二条 县级以上的各级人民代表大会代表根据本级人民代表大会常务委员会的安排，对本级或者下级国家机关和有关单位的工作进行视察。乡、民族乡、镇的人民代表大会代表根据本级人民代表大会主席团的安排，对本级人民政府和有关单位的工作进行视察。

代表按前款规定进行视察，可以提出约见本级或者下级有关国家机关负责人。被约见的有关国家机关负责人或者由他委托的负责人员应当听取代表的建议、批评和意见。

代表可以持代表证就地进行视察。县级以上的地方各级人民代表大会常务委员会或者乡、民族乡、镇的人民代表大会主席团根据代表的要求，联系安排本级或者上级的代表持代表证就地进行视察。

代表视察时，可以向被视察单位提出建议、批评和意见，但不直接处理问题。

第二十三条 代表根据安排，围绕经济社会发展和关系人民群众切身利益、社会普遍关注的重大问题，开展专题调研。

第二十四条 代表参加视察、专题调研活动形成的报告，由本级人民代表大会常务委员会办事机构或者乡、民族乡、镇的人民代表大会主席团转交有关机关、组织。对报告中提出的意见和建议的研究处理情况应当向代表反馈。

第二十五条 代表有权依照法律规定的程序提议临时召集本级人民代表大会会议。

第二十六条 县级以上的各级人民代表大会代表可以应邀列席本级人民代表大会常务委员会会议、本级人民代表大会各专门委员会会议，参加本级人民代表大会常务委员会组织的执法检查和其他活动。乡、民族乡、镇的人民代表大会代表参加本级人民代表大会主席团组织的执法检查和其他活动。

第二十七条 全国人民代表大会代表，省、自治区、直辖市、自治州、设区的市的人民代表大会代表可以列席原选举单位的人民代表大会会议，并可以应邀列席原选举单位的人民代表大会常务委员会会议。

第二十八条 县级以上的各级人民代表大会代表根据本级人民代表大会或者本级人民代表大会常务委员会的决定，参加关于特定问题的调查委员会。

第二十九条 代表在本级人民代表大会闭会期间，有权向本级人民代表大会常务委员会或者乡、民族乡、镇的人民代表大会主席团提出对各方面工作的建议、批评和意见。建议、批评和意见应当明确具体，注重反映实际情况和问题。

第三十条 乡、民族乡、镇的人民代表大会代表在本级人民代表大会闭会期间，根据统一安排，开展调研等活动；组成代表小组，分工联系选民，反映人民群众的意见和要求。

第四章 代表执行职务的保障

第三十一条 代表在人民代表大会各种会议上的发言和表决，不受法律追究。

第三十二条 县级以上的各级人民代表大会代表，非经本级人民代表大会主席团许可，在本级人民代表大会闭会期间，非经本级人民代表大会常务委员会许可，不受逮捕或者刑事审判。如果因为是现行犯被拘留，执行拘留的机关应当立即向该级人民代表大会主席团或者人民代表大会常务委员会报告。

对县级以上的各级人民代表大会代表，如果采取法律规定的其他限制人身自由的措施，应当经该级人民代表大会主席团或者人民代表大会常务委员会许可。

人民代表大会主席团或者常务委员会受理有关机关依照本条规定提请许可的申请，应当审查是否存在对代表在人民代表大会各种会议上的发言和表决进行法律追究，或者对代表提出建议、批评和意见等其他执行职务行为打击报复的情形，并据此作出决定。

乡、民族乡、镇的人民代表大会代表，如果被逮捕、受刑事审判、或者被采取法律规定的其他限制人身自由的措施，执行机关应当立即报告乡、民族乡、镇的人民代表大会。

第三十三条 代表在本级人民代表大会闭会期间，参加由本级人民代表大会常务委员会或者乡、民族乡、镇的人民代表大会主席团安排的代表活动，代表所在单位必须给予时间保障。

第三十四条 代表按照本法第三十三条的规定执行代表职务，其所在单位按正常出勤对待，享受所在单位的工资和其他待遇。

无固定工资收入的代表执行代表职务，根据实际情况由本级财政给予适当补贴。

第三十五条 代表的活动经费，应当列入本级财政预算予以保障，专款专用。

第三十六条 县级以上的各级人民代表大会常务委员会应当采取多种方式同本级人民代表大会代表保持联系，扩大代表对本级人民代表大会常务委员会活动的参与。

第三十七条 县级以上的地方各级人民代表大会常务委员会，应当为本行政区域内的代表执行代表职务提供必要的条件。

第三十八条 县级以上的各级人民代表大会常务委员会，各级人民政府和人民法院、人民检察院，应当及时向本级人民代表大会代表通报工作情况，提供信息资料，保障代表的知情权。

第三十九条 县级以上的各级人民代表大会常务委员会应当有计划地组织代表参加履职学习，协助代表全面熟悉人民代表大会制度、掌握履行代表职务所需的法律知识和其他专业知识。

乡、民族乡、镇的人民代表大会代表可以参加上级人民代表大会常务委员会组织的代表履职学习。

第四十条 县级以上的各级人民代表大会常务委员会的办事机构和工作机构是代表执行代表职务的集体服务机构，为代表执行代表职务提供服务保障。

第四十一条 为了便于代表执行代表职务，各级人民代表大会可以为本级人民代表大会代表制发代表证。

第四十二条 有关机关、组织应当认真研究办理代表建议、批评和意见，并自交办之日起三个月内答复。涉及面广、处理难度大的建议、批评和意见，应当自交办之日起六个月内答复。

有关机关、组织在研究办理代表建议、批评和意见的过程中，应当与代表联系沟通，充分听取意见。

代表建议、批评和意见的办理情况，应当向本级人民代表大会常务委员会或者乡、民族乡、镇的人民代表大会主席团报告，并印发下一次人民代表大会会议。代表建议、批评和意见办理情况的报告，应当予以公开。

第四十三条 少数民族代表执行代表职务时，有关部门应当在语言文字、生活习惯等方面给予必要的帮助和照顾。

第四十四条 一切组织和个人都必须尊重代表的权利，支持代表执行代表职务。

有义务协助代表执行代表职务而拒绝履行义务的，有关单位应当予以批评教育，直至给予行政处分。

阻碍代表依法执行代表职务的，根据情节，由所在单位或者上级机关给予行政处分，或者适用《中华人民共和国治安管理处罚法》第五十条的处罚规定；以暴力、威胁方法阻碍代表依法执行代表职务的，依照刑法有关规定追究刑事责任。

对代表依法执行代表职务进行打击报复的，由所在单位或者上级机关责令改正或者给予行政处分；国家工作人员进行打击报复构成犯罪的，依照刑法有关规定追究刑事责任。

第五章　对代表的监督

第四十五条　代表应当采取多种方式经常听取人民群众对代表履职的意见，回答原选区选民或者原选举单位对代表工作和代表活动的询问，接受监督。

由选民直接选举的代表应当以多种方式向原选区选民报告履职情况。县级人民代表大会常务委员会和乡、民族乡、镇的人民代表大会主席团应当定期组织本级人民代表大会代表向原选区选民报告履职情况。

第四十六条　代表应当正确处理从事个人职业活动与执行代表职务的关系，不得利用执行代表职务干涉具体司法案件或者招标投标等经济活动牟取个人利益。

第四十七条　选民或者选举单位有权依法罢免自己选出的代表。被提出罢免的代表有权出席罢免该代表的会议提出申辩意见，或者书面提出申辩意见。

第四十八条　代表有下列情形之一的，暂时停止执行代表职务，由代表资格审查委员会向本级人民代表大会常务委员会或者乡、民族乡、镇的人民代表大会报告：

（一）因刑事案件被羁押正在受侦查、起诉、审判的；

（二）被依法判处管制、拘役或者有期徒刑而没有附加剥夺政治权利，正在服刑的。

前款所列情形在代表任期内消失后，恢复其执行代表职务，但代表资格终止者除外。

第四十九条　代表有下列情形之一的，其代表资格终止：

（一）地方各级人民代表大会代表迁出或者调离本行政区域的；

（二）辞职被接受的；

（三）未经批准两次不出席本级人民代表大会会议的；

（四）被罢免的；

（五）丧失中华人民共和国国籍的；

（六）依照法律被剥夺政治权利的；

（七）丧失行为能力的。

第五十条 县级以上的各级人民代表大会代表资格的终止，由代表资格审查委员会报本级人民代表大会常务委员会，由本级人民代表大会常务委员会予以公告。

乡、民族乡、镇的人民代表大会代表资格的终止，由代表资格审查委员会报本级人民代表大会，由本级人民代表大会予以公告。

第六章 附 则

第五十一条 省、自治区、直辖市的人民代表大会及其常务委员会可以根据本法和本行政区域的实际情况，制定实施办法。

第五十二条 本法自公布之日起施行。

中华人民共和国地方各级人民代表大会和地方各级人民政府组织法

（1979年7月1日第五届全国人民代表大会第二次会议通过　根据1982年12月10日第五届全国人民代表大会第五次会议《关于修改〈中华人民共和国地方各级人民代表大会和地方各级人民政府组织法〉的若干规定的决议》第一次修正　根据1986年12月2日第六届全国人民代表大会常务委员会第十八次会议《关于修改〈中华人民共和国地方各级人民代表大会和地方各级人民政府组织法〉的决定》第二次修正　根据1995年2月28日第八届全国人民代表大会常务委员会第十二次会议《关于修改〈中华人民共和国地方各级人民代表大会和地方各级人民政府组织法〉的决定》第三次修正　根据2004年10月27日第十届全国人民代表大会常务委员会第十二次会议《关于修改〈中华人民共和国地方各级人民代表大会和地方各级人民政府组织法〉的决定》第四次修正　根据2015年8月29日第十二届全国人民代表大会常务委员会第十六次会议《关于修改〈中华人民共和国地方各级人民代表大会和地方各级人民政府组织法〉、〈中华人民共和国全国人民代表大会和地方各级人民代表大会选举法〉、〈中华人民共和国全国人民代表大会和地方各级人民代表大会代表法〉的决定》第五次修正）

目　　录

第一章　总　　则

第一条　省、自治区、直辖市、自治州、县、自治县、市、市辖区、乡、民族乡、镇设立人民代表大会和人民政府。

第二条 县级以上的地方各级人民代表大会设立常务委员会。

第三条 自治区、自治州、自治县的自治机关除行使本法规定的职权外，同时依照宪法、民族区域自治法和其他法律规定的权限行使自治权。

第二章 地方各级人民代表大会

第四条 地方各级人民代表大会都是地方国家权力机关。

第五条 省、自治区、直辖市、自治州、设区的市的人民代表大会代表由下一级的人民代表大会选举；县、自治县、不设区的市、市辖区、乡、民族乡、镇的人民代表大会代表由选民直接选举。

地方各级人民代表大会代表名额和代表产生办法由选举法规定。各行政区域内的少数民族应当有适当的代表名额。

第六条 地方各级人民代表大会每届任期五年。

第七条 省、自治区、直辖市的人民代表大会根据本行政区域的具体情况和实际需要，在不同宪法、法律、行政法规相抵触的前提下，可以制定和颁布地方性法规，报全国人民代表大会常务委员会和国务院备案。

设区的市的人民代表大会根据本市的具体情况和实际需要，在不同宪法、法律、行政法规和本省、自治区的地方性法规相抵触的前提下，可以制定地方性法规，报省、自治区的人民代表大会常务委员会批准后施行，并由省、自治区的人民代表大会常务委员会报全国人民代表大会常务委员会和国务院备案。

第八条 县级以上的地方各级人民代表大会行使下列职权：

（一）在本行政区域内，保证宪法、法律、行政法规和上级人民代表大会及其常务委员会决议的遵守和执行，保证国家计划和国家预算的执行；

（二）审查和批准本行政区域内的国民经济和社会发展计划、预算以及它们执行情况的报告；

（三）讨论、决定本行政区域内的政治、经济、教育、科学、文化、卫生、环境和资源保护、民政、民族等工作的重大事项；

（四）选举本级人民代表大会常务委员会的组成人员；

（五）选举省长、副省长，自治区主席、副主席，市长、副市长，州长、副州长，县长、副县长，区长、副区长；

（六）选举本级人民法院院长和人民检察院检察长；选出的人民检察院检察长，须报经上一级人民检察院检察长提请该级人民代表大会常务委员会批准；

（七）选举上一级人民代表大会代表；

（八）听取和审查本级人民代表大会常务委员会的工作报告；

（九）听取和审查本级人民政府和人民法院、人民检察院的工作报告；

（十）改变或者撤销本级人民代表大会常务委员会的不适当的决议；

（十一）撤销本级人民政府的不适当的决定和命令；

（十二）保护社会主义的全民所有的财产和劳动群众集体所有的财产，保护公民私人所有的合法财产，维护社会秩序，保障公民的人身权利、民主权利和其他权利；

（十三）保护各种经济组织的合法权益；

（十四）保障少数民族的权利；

（十五）保障宪法和法律赋予妇女的男女平等、同工同酬和婚姻自由等各项权利。

第九条 乡、民族乡、镇的人民代表大会行使下列职权：

（一）在本行政区域内，保证宪法、法律、行政法规和上级人民代表大会及其常务委员会决议的遵守和执行；

（二）在职权范围内通过和发布决议；

（三）根据国家计划，决定本行政区域内的经济、文化事业和公共事业的建设计划；

（四）审查和批准本行政区域内的财政预算和预算执行情况的报告；

（五）决定本行政区域内的民政工作的实施计划；

（六）选举本级人民代表大会主席、副主席；

（七）选举乡长、副乡长，镇长、副镇长；

（八）听取和审查乡、民族乡、镇的人民政府的工作报告；

（九）撤销乡、民族乡、镇的人民政府的不适当的决定和命令；

（十）保护社会主义的全民所有的财产和劳动群众集体所有的财产，保护公民私人所有的合法财产，维护社会秩序，保障公民的人身权利、民主权利和其他权利；

（十一）保护各种经济组织的合法权益；

（十二）保障少数民族的权利；

（十三）保障宪法和法律赋予妇女的男女平等、同工同酬和婚姻自由等各项权利。

少数民族聚居的乡、民族乡、镇的人民代表大会在行使职权的时候，应当采取适合民族特点的具体措施。

第十条 地方各级人民代表大会有权罢免本级人民政府的组成人员。县级以上的地方各级人民代表大会有权罢免本级人民代表大会常务委员会的组成人员和由它选出的人民法院院长、人民检察院检察长。罢免人民检察院检察长，须报经上一级人民检察院检察长提请该级人民代表大会常务委员会批准。

第十一条 地方各级人民代表大会会议每年至少举行一次。

经过五分之一以上代表提议，可以临时召集本级人民代表大会会议。

第十二条 县级以上的地方各级人民代表大会会议由本级人民代表大会常务委员会召集。

第十三条 县级以上的地方各级人民代表大会每次会议举行预备会议，选举本次会议的主席团和秘书长，通过本次会议的议程和其他准备事项的决定。

预备会议由本级人民代表大会常务委员会主持。每届人民代表大会第一次会议的预备会议，由上届本级人民代表大会常务委员会主持。

县级以上的地方各级人民代表大会举行会议的时候，由主席团主持会议。

县级以上的地方各级人民代表大会会议设副秘书长若干人；副秘书长的人选由主席团决定。

第十四条 乡、民族乡、镇的人民代表大会设主席，并可以设副主席一人至二人。主席、副主席由本级人民代表大会从代表中选出，任期同本级人民代表大会每届任期相同。

乡、民族乡、镇的人民代表大会主席、副主席不得担任国家行政机关的职务；如果担任国家行政机关的职务，必须向本级人民代表大会辞去主席、副主席的职务。

乡、民族乡、镇的人民代表大会主席、副主席在本级人民代表大会闭会期间负责联系本级人民代表大会代表，根据主席团的安排组织代表开展活动，反映代表和群众对本级人民政府工作的建议、批评和意见，并负责处理主席团的日常工作。

第十五条 乡、民族乡、镇的人民代表大会举行会议的时候，选举主席团。由主席团主持会议，并负责召集下一次的本级人民代表大会会议。乡、民族乡、镇的人民代表大会主席、副主席为主席团的成员。

主席团在本级人民代表大会闭会期间，每年选择若干关系本地区群众切身利益和社会普遍关注的问题，有计划地安排代表听取和讨论本级人民政府的专项工作报告，对法律、法规实施情况进行检查，开展视察、调研等活动；听取和反映代表和群众对本级人民政府工作的建议、批评和意见。主席团在闭会期间的工作，向本级人民代表大会报告。

第十六条 地方各级人民代表大会每届第一次会议，在本届人民代表大会代表选举完成后的两个月内，由上届本级人民代表大会常务委员会或者乡、民族乡、镇的上次人民代表大会主席团召集。

第十七条 县级以上的地方各级人民政府组成人员和人民法院院长、人民检察院检察长，乡级的人民政府领导人员，列席本级人民代表大会会议；县级以上的其他有关机关、团体负责人，经本级人民代表大会常务委员会决定，可以列席本级人民代表大会会议。

第十八条 地方各级人民代表大会举行会议的时候，主席团、常务委员会、各专门委员会、本级人民政府，可以向本级人民代表大会提出属于本级人民代表大会职权范围内的议案，由主席团决定提交人民代表大会会议审议，或者并交有关的专门委员会审议、提出报告，再由主席团审议决定提交大会表决。

县级以上的地方各级人民代表大会代表十人以上联名，乡、民族乡、镇的人民代表大会代表五人以上联名，可以向本级人民代表大会提出属于本级人民代表大会职权范围内的议案，由主席团决定是否列入大会议程，或者先交有关的专门委员会审议，提出是否列入大会议程的意见，再由主席团决定是否列入大会议程。

列入会议议程的议案，在交付大会表决前，提案人要求撤回的，经主席团同意，会议对该项议案的审议即行终止。

第十九条 县级以上的地方各级人民代表大会代表向本级人民代表大会及其常务委员会提出的对各方面工作的建议、批评和意见，由本级人民代表大会常务委员会的办事机构交有关机关和组织研究处理并负责答复。

乡、民族乡、镇的人民代表大会代表向本级人民代表大会提出的对各方面工作的建议、批评和意见，由本级人民代表大会主席团交有关机关和组织研究处理并负责答复。

第二十条 地方各级人民代表大会进行选举和通过决议，以全体代表的过半数通过。

第二十一条 县级以上的地方各级人民代表大会常务委员会的组成人员，乡、民族乡、镇的人民代表大会主席、副主席，省长、副省长，自治区主席、副主席，市长、副市长，州长、副州长，县长、副县长，区长、副区长，乡长、副乡长，镇长、副镇长，人民法院院长，人民检察院检察长的人选，由本级人民代表大会主席团或者代表依照本法规定联合提名。

省、自治区、直辖市的人民代表大会代表三十人以上书面联名，设区的市和自治州的人民代表大会代表二十人以上书面联名，县级的人民代表大会代表十人以上书面联名，可以提出本级人民代表大会常务委员会组成人员，人民政府领导人员，人民法院院长，人民检察院检察长的候选人。乡、民族乡、镇的人民代表大会代表十人以上书面联名，可以提出本级人民代表大会主席、副主席，人民政府领导人员的候选人。不同选区或者选举单位选出的代表可以酝酿、联合提出候选人。

主席团提名的候选人人数，每一代表与其他代表联合提名的候选人人数，均不得超过应选名额。

提名人应当如实介绍所提名的候选人的情况。

第二十二条 人民代表大会常务委员会主任、秘书长，乡、民族乡、镇的人民代表大会主席，人民政府正职领导人员，人民法院院长，人民检察院检察长的候选人数一般应多一人，进行差额选举；如果提名的候选人只有一人，也可以等额选举。人民代表大会常务委员会副主任，乡、民族乡、镇的人民代表大会副主席，人民政府副职领导人员的候选人数应比应选人数多一人至三人，人民代表大会常务委员会委员的候选人数应比应选人数多十分之一至五分之一，由本级人民代表大会根据应选人数在选举办法中规定具体差额数，进行差额选举。如果提名的候选人数符合选举办法规定的差额数，由主席团提交代表酝酿、讨论后，进行选举。如果提名的候选人数超过选举办法规定的差额数，由主席团提交代表酝酿、讨论后，进行预选，根据在预选中得票多少的顺序，按照选举办法规定的差额数，确定正式候选人名单，进行选举。

县级以上的地方各级人民代表大会换届选举本级国家机关领导人员时，提名、酝酿候选人的时间不得少于两天。

第二十三条 选举采用无记名投票方式。代表对于确定的候选人，可以投赞成票，可以投反对票，可以另选其他任何代表或者选民，也可以弃权。

第二十四条 地方各级人民代表大会选举本级国家机关领导人员，获得过半数选票的候选人人数超过应选名额时，以得票多的当选。如遇票数相等不能确定当选人时，应当就票数相等的人再次投票，以得票多的当选。

获得过半数选票的当选人数少于应选名额时，不足的名额另行选举。另行选举时，可以根据在第一次投票时得票多少的顺序确定候选人，也可以依照本法规定的程序另行提名、确定候选人。经本级人民代表大会决定，不足的名额的另行选举可以在本次人民代表大会会议上进行，也可以在下一次人民代表大会会议上进行。

另行选举人民代表大会常务委员会副主任、委员，乡、民族乡、镇的人民代表大会副主席，人民政府副职领导人员时，依照本法第二十二条第一款的规定，确定差额数，进行差额选举。

第二十五条 地方各级人民代表大会补选常务委员会主任、副主任、秘书长、委员，乡、民族乡、镇的人民代表大会主席、副主席，省长、副省长，自治区主席、副主席，市长、副市长，州长、副州长，县长、副县长，区长、副区长，乡长、副乡长，镇长、副镇长，人民法院院长，人民检察院检察长时，候选人数可以多于应选人数，也可以同应选人数相等。选举办法由本级人民代表大会决定。

第二十六条 县级以上的地方各级人民代表大会举行会议的时候，主席团、常务委员会或者十分之一以上代表联名，可以提出对本级人民代表大会常务委员会组成人员、人民政府组成人员、人民法院院长、人民检察院检察长的罢免案，由主席团提请大会审议。

乡、民族乡、镇的人民代表大会举行会议的时候，主席团或者五分之一以上代表联名，可以提出对人民代表大会主席、副主席，乡长、副乡长，镇长、副镇长的罢免案，由主席团提请大会审议。

罢免案应当写明罢免理由。

被提出罢免的人员有权在主席团会议或者大会全体会议上提出申辩意见，或者书面提出申辩意见。在主席团会议上提出的申辩意见或者书面提出的申辩意见，由主席团印发会议。

向县级以上的地方各级人民代表大会提出的罢免案，由主席团交会议审议后，提请全体会议表决；或者由主席团提议，经全体会议决定，组织调查委员会，由本级人民代表大会下次会议根据调查委员会的报告审议决定。

第二十七条 县级以上的地方各级人民代表大会常务委员会组成人员和人民政府领导人员，人民法院院长，人民检察院检察长，可以向本级人民代表大会提出辞职，由大会决定是否接受辞职；大会闭会期间，可以向本级人民代表大会常务委员会提出辞职，由常务委员会决定是否接受辞职。常务委员会决定接受辞职后，报本级人民代表大会备案。人民检察院检察长的辞职，须报经上一级人民检察院检察长提请该级人民代表大会常务委员会批准。

乡、民族乡、镇的人民代表大会主席、副主席，乡长、副乡长，镇长、副镇长，可以向本级人民代表大会提出辞职，由大会决定是否接受辞职。

第二十八条 地方各级人民代表大会举行会议的时候，代表十人以上联名可以书面提出对本级人民政府和它所属各工作部门以及人民法院、人民检察院的质询案。质询案必须写明质询对象、质询的问题和内容。

质询案由主席团决定交由受质询机关在主席团会议、大会全体会议或者有关的专门委员会会议上口头答复，或者由受质询机关书面答复。在主席团会议或者专门委员会会议上答复的，提质询案的代表有权列席会议，发表意见；主席团认为必要的时候，可以将答复质询案的情况报告印发会议。

质询案以口头答复的，应当由受质询机关的负责人到会答复；质询案以书面答复的，应当由受质询机关的负责人签署，由主席团印发会议或者印发提质询案的代表。

第二十九条 在地方各级人民代表大会审议议案的时候，代表可以向有关地方国家机关提出询问，由有关机关派人说明。

第三十条 省、自治区、直辖市、自治州、设区的市的人民代表大会根据需要，可以设法制委员会、财政经济委员会、教育科学文化卫生委员会等专门委员会；县、自治县、不设区的市、市辖区的人民代表大会根据需要，可以设法制委员会、财政经济委员会等专门委员会。各专门委员会受本级人民代表大会领导；在大会闭会期间，受本级人民代表大会常务委员会领导。

各专门委员会的主任委员、副主任委员和委员的人选，由主席团在代表中提名，大会通过。在大会闭会期间，常务委员会可以任免专门委员会的个别副主任委员和部分委员，由主任会议提名，常务委员会会议通过。

各专门委员会在本级人民代表大会及其常务委员会领导下，研究、审议和拟订有关议案；对属于本级人民代表大会及其常务委员会职权范围内同本委员会有关的问题，进行调查研究，提出建议。

第三十一条 县级以上的地方各级人民代表大会可以组织关于特定问题的调查委员会。

主席团或者十分之一以上代表书面联名，可以向本级人民代表大会提议组织关于特定问题的调查委员会，由主席团提请全体会议决定。

调查委员会由主任委员、副主任委员和委员组成，由主席团在代表中提名，提请全体会议通过。

调查委员会应当向本级人民代表大会提出调查报告。人民代表大会根据调查委员会的报告，可以作出相应的决议。人民代表大会可以授权它的常务委员会听取调查委员会的调查报告，常务委员会可以作出相应的决议，报人民代表大会下次会议备案。

第三十二条 乡、民族乡、镇的每届人民代表大会第一次会议通过的代表资格审查委员会，行使职权至本届人民代表大会任期届满为止。

第三十三条 地方各级人民代表大会代表任期，从每届本级人民代表大会举行第一次会议开始，到下届本级人民代表大会举行第一次会议为止。

第三十四条 地方各级人民代表大会代表、常务委员会组成人员，在人民代表大会和常务委员会会议上的发言和表决，不受法律追究。

第三十五条 县级以上的地方各级人民代表大会代表，非经本级人民代表大会主席团许可，在大会闭会期间，非经本级人民代表大会常务委员会许可，不受逮捕或者刑事审判。如果因为是现行犯被拘留，执行拘留的公安机关应当立即向该级人民代表大会主席团或者常务委员会报告。

第三十六条 地方各级人民代表大会代表在出席人民代表大会会议和执行代表职务的时候，国家根据需要给予往返的旅费和必要的物质上的便利或者补贴。

第三十七条 地方各级人民代表大会代表应当与原选区选民或者原选举单位和人民群众保持密切联系，听取和反映他们的意见和要求。

省、自治区、直辖市、自治州、设区的市的人民代表大会代表可以列席原选举单位的人民代表大会会议。

县、自治县、不设区的市、市辖区、乡、民族乡、镇的人民代表大会代表分工联系选民，有代表三人以上的居民地区或者生产单位可以组织代表小组。

第三十八条 省、自治区、直辖市、自治州、设区的市的人民代表大会代表受原选举单位的监督；县、自治县、不设区的市、市辖区、乡、民族乡、镇的人民代表大会代表受选民的监督。

地方各级人民代表大会代表的选举单位和选民有权随时罢免自己选出的代表。代表的罢免必须由原选举单位以全体代表的过半数通过，或者由原选区以选民的过半数通过。

第三十九条 地方各级人民代表大会代表因故不能担任代表职务的时候，由原选举单位或者由原选区选民补选。

第三章 县级以上的地方各级人民代表大会常务委员会

第四十条 省、自治区、直辖市、自治州、县、自治县、市、市辖区的人民代表大会设立常务委员会。

县级以上的地方各级人民代表大会常务委员会是本级人民代表大会的常设机关，对本级人民代表大会负责并报告工作。

第四十一条 省、自治区、直辖市、自治州、设区的市的人民代表大会常务委员会由本级人民代表大会在代表中选举主任、副主任若干人、秘书长、委员若干人组成。

县、自治县、不设区的市、市辖区的人民代表大会常务委员会由本级人民代表大会在代表中选举主任、副主任若干人和委员若干人组成。

常务委员会的组成人员不得担任国家行政机关、审判机关和检察机关的职务；如果担任上述职务，必须向常务委员会辞去常务委员会的职务。

常务委员会组成人员的名额：

（一）省、自治区、直辖市三十五人至六十五人，人口超过八千万的省不超过八十五人；

（二）设区的市、自治州十九人至四十一人，人口超过八百万的设区的市不超过五十一人；

（三）县、自治县、不设区的市、市辖区十五人至三十五人，人口超过一百万的县、自治县、不设区的市、市辖区不超过四十五人。

省、自治区、直辖市每届人民代表大会常务委员会组成人员的名额，由省、自治区、直辖市的人民代表大会依照前款规定，按人口多少确定。自治州、县、自治县、市、市辖区每届人民代表大会常务委员会组成人员的名额，由省、自治区、直辖市的人民代表大会常务委员会依照前款规定，按人口多少确定。每届人民代表大会常务委员会组成人员的名额经确定后，在本届人民代表大会的任期内不再变动。

第四十二条 县级以上的地方各级人民代表大会常务委员会每届任期同本级人民代表大会每届任期相同，它行使职权到下届本级人民代表大会选出新的常务委员会为止。

第四十三条 省、自治区、直辖市的人民代表大会常务委员会在本级人民代表大会闭会期间，根据本行政区域的具体情况和实际需要，在不同宪法、法律、行政法规相抵触的前提下，可以制定和颁布地方性法规，报全国人民代表大会常务委员会和国务院备案。

设区的市的人民代表大会常务委员会在本级人民代表大会闭会期间，根据本市的具体情况和实际需要，在不同宪法、法律、行政法规和本省、自治区的地方性法规相抵触的前提下，可以制定地方性法规，报省、自治区的人民代表大会常务委员会批准后施行，并由省、自治区的人民代表大会常务委员会报全国人民代表大会常务委员会和国务院备案。

第四十四条 县级以上的地方各级人民代表大会常务委员会行使下列职权：

（一）在本行政区域内，保证宪法、法律、行政法规和上级人民代表大会及其常务委员会决议的遵守和执行；

（二）领导或者主持本级人民代表大会代表的选举；

（三）召集本级人民代表大会会议；

（四）讨论、决定本行政区域内的政治、经济、教育、科学、文化、卫生、环境和资源保护、民政、民族等工作的重大事项；

（五）根据本级人民政府的建议，决定对本行政区域内的国民经济和社会发展计划、预算的部分变更；

（六）监督本级人民政府、人民法院和人民检察院的工作，联系本级人民代表大会代表，受理人民群众对上述机关和国家工作人员的申诉和意见；

（七）撤销下一级人民代表大会及其常务委员会的不适当的决议；

（八）撤销本级人民政府的不适当的决定和命令；

（九）在本级人民代表大会闭会期间，决定副省长、自治区副主席、副市长、副州长、副县长、副区长的个别任免；在省长、自治区主席、市长、州长、县长、区长和人民法院院长、人民检察院检察长因故不能担任职务的时候，从本级人民政府、人民法院、人民检察院副职领导人员中决定代理的人选；决定代理检察长，须报上一级人民检察院和人民代表大会常务委员会备案；

（十）根据省长、自治区主席、市长、州长、县长、区长的提名，决定本级人民政府秘书长、厅长、局长、委员会主任、科长的任免，报上一级人民政府备案；

（十一）按照人民法院组织法和人民检察院组织法的规定，任免人民法院副院长、庭长、副庭长、审判委员会委员、审判员，任免人民检察院副检察长、检察委员会委员、检察员，批准任免下一级人民检察院检察长；省、自治区、直辖市的人民代表大会常务委员会根据主任会议的提名，决定在省、自治区内按地区设立的和在直辖市内设立的中级人民法院院长的任免，根据省、自治区、直辖市的人民检察院检察长的提名，决定人民检察院分院检察长的任免；

（十二）在本级人民代表大会闭会期间，决定撤销个别副省长、自治区副主席、副市长、副州长、副县长、副区长的职务；决定撤销由它任命的本级人民政府其他组成人员和人民法院副院长、庭长、副庭长、审判委员会委员、审判员，人民检察院副检察长、检察委员会委员、检察员，中级人民法院院长，人民检察院分院检察长的职务；

（十三）在本级人民代表大会闭会期间，补选上一级人民代表大会出缺的代表和罢免个别代表；

（十四）决定授予地方的荣誉称号。

第四十五条 常务委员会会议由主任召集，每两个月至少举行一次。

常务委员会的决议，由常务委员会以全体组成人员的过半数通过。

第四十六条 县级以上的地方各级人民代表大会常务委员会主任会议可以向本级人民代表大会常务委员会提出属于常务委员会职权范围内的议案，由常务委员会会议审议。

县级以上的地方各级人民政府、人民代表大会各专门委员会，可以向本级人民代表大会常务委员会提出属于常务委员会职权范围内的议案，由主任会议决定提请常务委员会会议审议，或者先交有关的专门委员会审议、提出报告，再提请常务委员会会议审议。

省、自治区、直辖市、自治州、设区的市的人民代表大会常务委员会组成人员五人以上联名，县级的人民代表大会常务委员会组成人员三人以上联名，可以向本级常务委员会提出属于常务委员会职权范围内的议案，由主任会议决定是否提请常务委员会会议审议，或者先交有关的专门委员会审议、提出报告，再决定是否提请常务委员会会议审议。

第四十七条 在常务委员会会议期间，省、自治区、直辖市、自治州、设区的市的人民代表大会常务委员会组成人员五人以上联名，县级的人民代表大会常务委员会组成人员三人以上联名，可以向常务委员会书面提出对本级人民政府、人民法院、人民检察院的质询案。质询案必须写明质询对象、质询的问题和内容。

质询案由主任会议决定交由受质询机关在常务委员会全体会议上或者有关的专门委员会会议上口头答复，或者由受质询机关书面答复。在专门委员会会议上答复的，提质询案的常务委员会组成人员有权列席会议，发表意见；主任会议认为必要的时候，可以将答复质询案的情况报告印发会议。

质询案以口头答复的，应当由受质询机关的负责人到会答复；质询案以书面答复的，应当由受质询机关的负责人签署，由主任会议印发会议或者印发提质询案的常务委员会组成人员。

第四十八条 省、自治区、直辖市、自治州、设区的市的人民代表大会常务委员会主任、副主任和秘书长组成主任会议；县、自治县、不设区的市、市辖区的人民代表大会常务委员会主任、副主任组成主任会议。主任会议处理常务委员会的重要日常工作。

第四十九条 常务委员会主任因为健康情况不能工作或者缺位的时候，由常务委员会在副主任中推选一人代理主任的职务，直到主任恢复健康或者人民代表大会选出新的主任为止。

第五十条 县级以上的地方各级人民代表大会常务委员会设立代表资格审查委员会。

代表资格审查委员会的主任委员、副主任委员和委员的人选，由常务委员会主任会议在常务委员会组成人员中提名，常务委员会会议通过。

第五十一条 代表资格审查委员会审查代表的选举是否符合法律规定。

第五十二条 主任会议或者五分之一以上的常务委员会组成人员书面联名，可以向本级人民代表大会常务委员会提议组织关于特定问题的调查委员会，由全体会议决定。

调查委员会由主任委员、副主任委员和委员组成，由主任会议在常务委员会组成人员和其他代表中提名，提请全体会议通过。

调查委员会应当向本级人民代表大会常务委员会提出调查报告。常务委员会根据调查委员会的报告，可以作出相应的决议。

第五十三条 常务委员会根据工作需要，设立办事机构和其他工作机构。

省、自治区的人民代表大会常务委员会可以在地区设立工作机构。

市辖区、不设区的市的人民代表大会常务委员会可以在街道设立工作机构。工作机构负责联系街道辖区内的人民代表大会代表，组织代表开展活动，反映代表和群众的建议、批评和意见，办理常务委员会交办的监督、选举以及其他工作，并向常务委员会报告工作。

第四章 地方各级人民政府

第五十四条 地方各级人民政府是地方各级人民代表大会的执行机关，是地方各级国家行政机关。

第五十五条 地方各级人民政府对本级人民代表大会和上一级国家行政机关负责并报告工作。县级以上的地方各级人民政府在本级人民代表大会闭会期间，对本级人民代表大会常务委员会负责并报告工作。

全国地方各级人民政府都是国务院统一领导下的国家行政机关，都服从国务院。

地方各级人民政府必须依法行使行政职权。

第五十六条 省、自治区、直辖市、自治州、设区的市的人民政府分别由省长、副省长，自治区主席、副主席，市长、副市长，州长、副州长和秘书长、厅长、局长、委员会主任等组成。

县、自治县、不设区的市、市辖区的人民政府分别由县长、副县长，市长、副市长，区长、副区长和局长、科长等组成。

乡、民族乡的人民政府设乡长、副乡长。民族乡的乡长由建立民族乡的少数民族公民担任。镇人民政府设镇长、副镇长。

第五十七条 新的一届人民政府领导人员依法选举产生后，应当在两个月内提请本级人民代表大会常务委员会任命人民政府秘书长、厅长、局长、委员会主任、科长。

第五十八条 地方各级人民政府每届任期五年。

第五十九条 县级以上的地方各级人民政府行使下列职权：

（一）执行本级人民代表大会及其常务委员会的决议，以及上级国家行政机关的决定和命令，规定行政措施，发布决定和命令；

（二）领导所属各工作部门和下级人民政府的工作；

（三）改变或者撤销所属各工作部门的不适当的命令、指示和下级人民政府的不适当的决定、命令；

（四）依照法律的规定任免、培训、考核和奖惩国家行政机关工作人员；

（五）执行国民经济和社会发展计划、预算，管理本行政区域内的经济、教育、科学、文化、卫生、体育事业、环境和资源保护、城乡建设事业和财政、民政、公安、民族事务、司法行政、监察、计划生育等行政工作；

（六）保护社会主义的全民所有的财产和劳动群众集体所有的财产，保护公民私人所有的合法财产，维护社会秩序，保障公民的人身权利、民主权利和其他权利；

（七）保护各种经济组织的合法权益；

（八）保障少数民族的权利和尊重少数民族的风俗习惯，帮助本行政区域内各少数民族聚居的地方依照宪法和法律实行区域自治，帮助各少数民族发展政治、经济和文化的建设事业；

（九）保障宪法和法律赋予妇女的男女平等、同工同酬和婚姻自由等各项权利；

（十）办理上级国家行政机关交办的其他事项。

第六十条 省、自治区、直辖市的人民政府可以根据法律、行政法规和本省、自治区、直辖市的地方性法规，制定规章，报国务院和本级人民代表大会常务委员会备案。设区的市的人民政府可以根据法律、行政法规和本省、自治区的地方性法规，制定规章，报国务院和省、自治区的人民代表大会常务委员会、人民政府以及本级人民代表大会常务委员会备案。

依照前款规定制定规章，须经各该级政府常务会议或者全体会议讨论决定。

第六十一条 乡、民族乡、镇的人民政府行使下列职权：

（一）执行本级人民代表大会的决议和上级国家行政机关的决定和命令，发布决定和命令；

（二）执行本行政区域内的经济和社会发展计划、预算，管理本行政区域内的经济、教育、科学、文化、卫生、体育事业和财政、民政、公安、司法行政、计划生育等行政工作；

（三）保护社会主义的全民所有的财产和劳动群众集体所有的财产，保护公民私人所有的合法财产，维护社会秩序，保障公民的人身权利、民主权利和其他权利；

（四）保护各种经济组织的合法权益；

（五）保障少数民族的权利和尊重少数民族的风俗习惯；

（六）保障宪法和法律赋予妇女的男女平等、同工同酬和婚姻自由等各项权利；

（七）办理上级人民政府交办的其他事项。

第六十二条　地方各级人民政府分别实行省长、自治区主席、市长、州长、县长、区长、乡长、镇长负责制。

省长、自治区主席、市长、州长、县长、区长、乡长、镇长分别主持地方各级人民政府的工作。

第六十三条　县级以上的地方各级人民政府会议分为全体会议和常务会议。全体会议由本级人民政府全体成员组成。省、自治区、直辖市、自治州、设区的市的人民政府常务会议，分别由省长、副省长，自治区主席、副主席，市长、副市长，州长、副州长和秘书长组成。县、自治县、不设区的市、市辖区的人民政府常务会议，分别由县长、副县长，市长、副市长，区长、副区长组成。省长、自治区主席、市长、州长、县长、区长召集和主持本级人民政府全体会议和常务会议。政府工作中的重大问题，须经政府常务会议或者全体会议讨论决定。

第六十四条　地方各级人民政府根据工作需要和精干的原则，设立必要的工作部门。

县级以上的地方各级人民政府设立审计机关。地方各级审计机关依照法律规定独立行使审计监督权，对本级人民政府和上一级审计机关负责。

省、自治区、直辖市的人民政府的厅、局、委员会等工作部门的设立、增加、减少或者合并，由本级人民政府报请国务院批准，并报本级人民代表大会常务委员会备案。

自治州、县、自治县、市、市辖区的人民政府的局、科等工作部门的设立、增加、减少或者合并，由本级人民政府报请上一级人民政府批准，并报本级人民代表大会常务委员会备案。

第六十五条 各厅、局、委员会、科分别设厅长、局长、主任、科长，在必要的时候可以设副职。

办公厅、办公室设主任，在必要的时候可以设副主任。

省、自治区、直辖市、自治州、设区的市的人民政府设秘书长一人，副秘书长若干人。

第六十六条 省、自治区、直辖市的人民政府的各工作部门受人民政府统一领导，并且依照法律或者行政法规的规定受国务院主管部门的业务指导或者领导。

自治州、县、自治县、市、市辖区的人民政府的各工作部门受人民政府统一领导，并且依照法律或者行政法规的规定受上级人民政府主管部门的业务指导或者领导。

第六十七条 省、自治区、直辖市、自治州、县、自治县、市、市辖区的人民政府应当协助设立在本行政区域内不属于自己管理的国家机关、企业、事业单位进行工作，并且监督它们遵守和执行法律和政策。

第六十八条 省、自治区的人民政府在必要的时候，经国务院批准，可以设立若干派出机关。

县、自治县的人民政府在必要的时候，经省、自治区、直辖市的人民政府批准，可以设立若干区公所，作为它的派出机关。

市辖区、不设区的市的人民政府，经上一级人民政府批准，可以设立若干街道办事处，作为它的派出机关。

第五章　附　　则

第六十九条 省、自治区、直辖市的人民代表大会及其常务委员会可以根据本法和实际情况，对执行中的问题作具体规定。

全国人民代表大会常务委员会关于县级以下人民代表大会代表直接选举的若干规定

（1983年3月5日第五届全国人民代表大会常务委员会第二十六次会议通过）

为了便于实施《中华人民共和国全国人民代表大会和地方各级人民代表大会选举法》，对县级以下人民代表大会代表直接选举中的若干问题作如下规定：

一、县、自治县、不设区的市、市辖区、乡、民族乡、镇设立选举委员会。县、自治县、不设区的市、市辖区的选举委员会的组成人员由本级人民代表大会常务委员会任命。乡、民族乡、镇的选举委员会的组成人员由县、自治县、不设区的市、市辖区的人民代表大会常务委员会任命。

选举委员会设立办事机构，办理选举的具体事务。

二、选举委员会的职权是：

（一）主持本级人民代表大会代表的选举；

（二）进行选民登记，审查选民资格，公布选民名单；受理对于选民名单不同意见的申诉，并做出决定；

（三）划分选举本级人民代表大会代表的选区，分配各选区应选代表的名额；

（四）根据较多数选民的意见，确定和公布正式代表候选人的名单；

（五）规定选举日期；

（六）确定选举结果是否有效，公布当选代表名单。

县、自治县、不设区的市、市辖区的选举委员会指导乡、民族乡、镇的选举委员会的工作。

三、精神病患者不能行使选举权利的，经选举委员会确认，不行使选举权利。

四、因反革命案或者其他严重刑事犯罪案被羁押，正在受侦查、起诉、审判的人，经人民检察院或者人民法院决定，在被羁押期间停止行使选举权利。

五、下列人员准予行使选举权利：

（一）被判处有期徒刑、拘役、管制而没有附加剥夺政治权利的；

（二）被羁押，正在受侦查、起诉、审判，人民检察院或者人民法院没有决定停止行使选举权利的；

（三）正在取保候审或者被监视居住的；

（四）正在被劳动教养的；

（五）正在受拘留处罚的。

以上所列人员参加选举，由选举委员会和执行监禁、羁押、拘留或者劳动教养的机关共同决定，可以在流动票箱投票，或者委托有选举权的亲属或者其他选民代为投票。被判处拘役、受拘留处罚或者被劳动教养的人也可以在选举日回原选区参加选举。

六、县、自治县的人民政府驻地在市区内的，其所属机关、团体和企业事业组织的职工，参加县、自治县的人民代表大会代表的选举，不参加市、市辖区的人民代表大会代表的选举。

七、驻在乡、民族乡、镇的不属于县级以下人民政府领导的企业事业组织的职工，可以只参加县级人民代表大会代表的选举，不参加乡、民族乡、镇的人民代表大会代表的选举。

八、选区的大小，按照每一选区选一至三名代表划分。

九、选民在选举期间临时在外地劳动、工作或者居住，不能回原选区参加选举的，经原居住地的选举委员会认可，可以书面委托有选举权的亲属或者其他选民在原选区代为投票。

选民实际上已经迁居外地但是没有转出户口的，在取得原选区选民资格的证明后，可以在现居住地的选区参加选举。

十、每一选民（三人以上附议）推荐的代表候选人的名额，不得超过本选区应选代表的名额。

选民和各政党、各人民团体推荐的代表候选人都应当列入代表候选人名单，选举委员会不得调换或者增减。

正式代表候选人名单，经过预选确定的，按得票多少的顺序排列。

中国人民解放军选举全国人民代表大会和县级以上地方各级人民代表大会代表的办法

（1981年6月10日第五届全国人民代表大会常务委员会第十九次会议通过　1996年10月29日第八届全国人民代表大会常务委员会第二十二次会议修订　根据2012年6月30日第十一届全国人民代表大会常务委员会第二十七次会议《关于修改〈中国人民解放军选举全国人民代表大会和县级以上地方各级人民代表大会代表的办法〉的决定》第一次修正　根据2021年4月29日第十三届全国人民代表大会常务委员会第二十八次会议《关于修改〈中国人民解放军选举全国人民代表大会和县级以上地方各级人民代表大会代表的办法〉的决定》第二次修正）

目　　录

第一章　总　　则

第一条　根据《中华人民共和国宪法》和《中华人民共和国全国人民代表大会和地方各级人民代表大会选举法》的有关规定，制定本办法。

第二条　人民解放军军人和参加军队选举的其他人员依照本办法选举全国人民代表大会和县级以上地方各级人民代表大会代表。

第三条 人民解放军及人民解放军团级以上单位设立选举委员会。

人民解放军选举委员会领导全军的选举工作，其他各级选举委员会主持本单位的选举工作。

第四条 连和其他基层单位的军人委员会，主持本单位的选举工作。

第五条 人民解放军军人、文职人员，军队管理的离休、退休人员和其他人员，参加军队选举。

驻军的驻地距离当地居民的居住地较远，随军家属参加地方选举有困难的，经选举委员会或者军人委员会批准，可以参加军队选举。

第六条 驻地方工厂、铁路、水运、科研等单位的军代表，在地方院校学习的军队人员，可以参加地方选举。

第七条 本办法第五条所列人员，凡年满十八周岁，不分民族、种族、性别、职业、家庭出身、宗教信仰、教育程度、财产状况、居住期限，都具有选民资格，享有选举权和被选举权。

依照法律被剥夺政治权利的人没有选举权和被选举权。

精神病患者不能行使选举权利的，经选举委员会确认，不参加选举。

第二章 选举委员会

第八条 人民解放军选举委员会的组成人员，由全国人民代表大会常务委员会批准。其他各级选举委员会的组成人员，由上一级选举委员会批准。

下级选举委员会受上级选举委员会的领导。

选举委员会任期五年，行使职权至新的选举委员会产生为止。选举委员会的组成人员调离本单位或者免职、退役的，其在选举委员会中担任的职务自行终止；因职务调整或者其他原因不宜继续在选举委员会中担任职务的，应当免除其在选举委员会中担任的职务。选举委员会的组成人员出缺时，应当及时增补。

第九条 人民解放军选举委员会由十一至十九人组成，设主任一人，副主任一至三人，委员若干人。其他各级选举委员会由七至十七人组成，设主任一人，副主任一至二人，委员若干人。

第十条 团级以上单位的选举委员会组织、指导所属单位的选举，办理下列事项：

（一）审查军人代表大会代表资格；

（二）确定选举日期；

（三）公布人民代表大会代表候选人名单；

（四）主持本级军人代表大会或者军人大会的投票选举；

（五）确定选举结果是否有效，公布当选的人民代表大会代表名单；

（六）主持本级军人代表大会或者军人大会罢免和补选人民代表大会代表、接受人民代表大会代表辞职。

第十一条 选举委员会下设办公室，具体承办本级有关选举的日常工作。

办公室设在政治工作部门，工作人员由本级选举委员会确定。

第三章 代表名额的决定和分配

第十二条 人民解放军应选全国人民代表大会代表的名额，由全国人民代表大会常务委员会决定。

第十三条 中央军事委员会机关部门和战区、军兵种、军事科学院、国防大学、国防科技大学等单位应选全国人民代表大会代表的名额，由人民解放军选举委员会分配。中央军事委员会直属机构参加其代管部门的选举。

第十四条 各地驻军应选县级以上地方各级人民代表大会代表的名额，由驻地各该级人民代表大会常务委员会决定。

有关选举事宜，由省军区（卫戍区、警备区）、军分区（警备区）、人民武装部分别与驻地的人民代表大会常务委员会协商决定。

第四章 选区和选举单位

第十五条 驻军选举县级人民代表大会代表，由驻该行政区域的军人和参加军队选举的其他人员按选区直接选举产生。选区按该行政区域内驻军各单位的分布情况划分。

选区的大小，按照每一选区选一名至三名代表划分。

第十六条 驻军应选的设区的市、自治州、省、自治区、直辖市人民代表大会代表，由团级以上单位召开军人代表大会选举产生。

中央军事委员会机关部门和战区、军兵种、军事科学院、国防大学、国防科技大学等单位的军人代表大会，选举全国人民代表大会代表。

第十七条 人民解放军师级以上单位的军人代表大会代表，由下级军人代表大会选举产生。下级单位不召开军人代表大会的，由军人大会选举产生。

旅、团级单位的军人代表大会代表，由连和其他基层单位召开军人大会选举产生。

军人代表大会由选举委员会召集，军人大会由选举委员会或者军人委员会召集。

军人代表大会每届任期五年。军人代表大会代表任期从本届军人代表大会举行第一次会议开始，到下届军人代表大会举行第一次会议为止。

第五章 代表候选人的提出

第十八条 人民解放军选举全国和县级以上地方各级人民代表大会代表，候选人按选区或者选举单位提名产生。

中国共产党在军队中的各级组织，可以推荐代表候选人。选民或者军人代表大会代表，十人以上联名，也可以推荐代表候选人。推荐者应向选举委员会或者军人委员会介绍候选人的情况。接受推荐的代表候选人应当向选举委员会或者军人委员会如实提供个人基本情况。提供的基本情况不实的，选举委员会或者军人委员会应当向选民或者军人代表大会代表通报。

第十九条 人民解放军选举全国和县级以上地方各级人民代表大会代表实行差额选举，代表候选人的人数应多于应选代表的名额。

由选民直接选举的，代表候选人的人数应多于应选代表名额三分之一至一倍；由军人代表大会选举的，代表候选人的人数应多于应选代表名额五分之一至二分之一。

第二十条 由选民直接选举的，代表候选人由选举委员会或者军人委员会汇总后，将代表候选人名单以及代表候选人的基本情况在选举日的十五日以前公布，并交各该选区的选民反复讨论、协商，确定正式代表候选人名单。如果所提代表候选人的人数超过本办法第十九条规定的最高差额比例，由选举委员会或者军人委员会交各该选区的选民讨论、协商，根据较多数选民的意见，确定正式代表候选人名单；对正式代表候选人不能形成较为一致意见的，进行预选，根据预选时得票多少的顺序，确定正式代表候选人名单。正式代表候选人名单以及代表候选人的基本情况应当在选举日的七日以前公布。

团级以上单位的军人代表大会在选举人民代表大会代表时，提名、酝酿代表候选人的时间不得少于两天。各该级选举委员会将依法提出的代表候选人名单以及代表候选人的基本情况印发军人代表大会全体代表酝酿、讨论。如果所提代表候选人的人数符合本办法第十九条规定的差额比例，直接进行投票选举。如果所提代表候选人的人数超过本办法第十九条规定的最高差额比例，进行预选，根据预选时得票多少的顺序，按照本级军人代表大会确定的具体差额比例，确定正式代表候选人名单，进行投票选举。

第二十一条 军人代表大会在选举全国和县级以上地方各级人民代表大会代表时，代表候选人不限于本级军人代表大会代表。

第二十二条 选举委员会或者军人委员会应当介绍代表候选人的情况。

推荐代表候选人的组织或者个人可以在选民小组或者军人代表大会小组会议上介绍所推荐的代表候选人的情况。直接选举时，选举委员会或者军人委员会根据选民的要求，应当组织代表候选人与选民见面，由代表候选人介绍本人的情况，回答选民的问题。但是，在选举日必须停止对代表候选人的介绍。

第六章 选举程序

第二十三条 直接选举时，各选区应当召开军人大会进行选举，或者按照方便选民投票的原则设立投票站进行选举。驻地分散或者行动不便的选民，可以在流动票箱投票。投票选举由军人委员会或者选举委员会主持。

军人代表大会的投票选举，由选举委员会主持。

第二十四条 人民解放军选举全国和县级以上地方各级人民代表大会代表，一律采用无记名投票的方法。选举时应当设有秘密写票处。

选民因残疾等原因不能写选票，可以委托他信任的人代写。

第二十五条 选民如果在选举期间外出，经军人委员会或者选举委员会同意，可以书面委托其他选民代为投票。每一选民接受的委托不得超过三人，并应当按照委托人的意愿代为投票。

第二十六条 选举人对代表候选人可以投赞成票，可以投反对票，可以另选其他任何选民，也可以弃权。

第二十七条 投票结束后，由选民推选的或者军人代表大会代表推选的监票、计票人员和选举委员会或者军人委员会的人员将投票人数和票数加以核对，作出记录，并由监票人签字。

代表候选人的近亲属不得担任监票人、计票人。

第二十八条 每次选举所投的票数，多于投票人数的无效，等于或者少于投票人数的有效。

每一选票所选的人数，多于规定应选代表人数的作废，等于或者少于规定应选代表人数的有效。

第二十九条 直接选举时，参加投票的选民超过选区全体选民的半数，选举有效。代表候选人获得参加投票的选民过半数的选票时，始得当选。

军人代表大会选举时，代表候选人获得全体代表过半数的选票，始得当选。

第三十条 获得过半数选票的代表候选人的人数超过应选代表名额时，以得票多的当选。如遇票数相等不能确定当选人时，应就票数相等的候选人再次投票，以得票多的当选。

获得过半数选票的当选代表的人数少于应选代表名额时，不足的名额另行选举。另行选举时，根据在第一次投票时得票多少的顺序，按照本办法第十九条规定的差额比例，确定候选人名单。如果只选一人，候选人应为二人。

依照前款规定另行选举县级人民代表大会代表时，代表候选人以得票多的当选，但是得票数不得少于选票的三分之一；团级以上单位的军人代表大会在另行选举设区的市、自治州、省、自治区、直辖市和全国人民代表大会代表时，代表候选人获得军人代表大会全体代表过半数的选票，始得当选。

第三十一条 选举结果由选举委员会或者军人委员会根据本办法确定是否有效，并予以宣布。

第七章 对代表的监督和罢免、辞职、补选

第三十二条 人民解放军选出的全国和县级以上地方各级人民代表大会代表，受选民和原选举单位的监督。选民或者选举单位都有权罢免自己选出的代表。

第三十三条 对于县级人民代表大会代表，原选区选民十人以上联名，可

以向旅、团级选举委员会书面提出罢免要求。

罢免要求应当写明罢免理由。被提出罢免的代表有权在军人大会上提出申辩意见，也可以书面提出申辩意见。

旅、团级选举委员会应当将罢免要求和被提出罢免的代表的书面申辩意见印发原选区选民。

表决罢免要求，由旅、团级选举委员会主持。

第三十四条 军人代表大会举行会议时，团级以上单位的选举委员会可以提出对由该级军人代表大会选出的人民代表大会代表的罢免案。罢免案应当写明罢免理由。

军人代表大会举行会议时，被提出罢免的代表有权在会议上提出申辩意见，或者书面提出申辩意见。罢免案经会议审议后予以表决。

第三十五条 罢免代表采用无记名投票的表决方式。

第三十六条 罢免县级人民代表大会代表，须经原选区过半数的选民通过。

罢免由军人代表大会选出的人民代表大会代表，由各该级军人代表大会过半数的代表通过。

罢免的决议，须报送同级人民代表大会常务委员会和军队上一级选举委员会备案。

第三十七条 人民解放军选出的设区的市、自治州、省、自治区、直辖市和全国人民代表大会代表，可以向原选举单位的选举委员会书面提出辞职。人民解放军选出的县级人民代表大会代表，可以向原选区的选举委员会或者军人委员会书面提出辞职。接受辞职，须经军人代表大会或者军人大会全体人员的过半数通过，并报送各该级人民代表大会常务委员会和军队上一级选举委员会备案。

因执行任务等原因无法召开军人代表大会的，团级以上单位的选举委员会可以接受各该级选出的设区的市、自治州、省、自治区、直辖市和全国人民代表大会代表辞职。选举委员会接受人民代表大会代表辞职后，应当及时通报选举产生该代表的军人代表大会的代表，并报送各该级人民代表大会常务委员会和军队上一级选举委员会备案。

第三十八条 代表在任期内因故出缺，由原选区或者原选举单位补选。

人民解放军选出的县级以上地方各级人民代表大会代表，在任期内调离本行政区域的，其代表资格自行终止，缺额另行补选。

补选代表时，代表候选人的名额可以多于应选代表的名额，也可以同应选代表的名额相等。

因执行任务等原因无法召开军人代表大会的，可以由本级选举委员会进行补选。

第八章　附　　则

第三十九条　人民解放军的选举经费，由军费开支。

第四十条　人民武装警察部队选举全国人民代表大会和县级以上地方各级人民代表大会代表，适用本办法。

图书在版编目（CIP）数据

新编地方人大换届选举操作指南 / 许安标主编. —3 版. —北京：中国法制出版社，2021.6

ISBN 978-7-5216-1878-5

Ⅰ. ①新… Ⅱ. ①许… Ⅲ. ①地方各级人民代表大会—选举—中国—指南 Ⅳ. ① D624-62

中国版本图书馆 CIP 数据核字（2021）第 095953 号

策划编辑：马　颖　　　　责任编辑：王雯汀　　　　封面设计：李　宁

新编地方人大换届选举操作指南

XINBIAN DIFANG RENDA HUANJIE XUANJU CAOZUO ZHINAN

主编 / 许安标

经销 / 新华书店

印刷 / 三河市紫恒印装有限公司

开本 / 710×1000 毫米　16 开　　　　印张 / 14.25　字数 / 185 千

版次 / 2021 年 6 月第 3 版　　　　2021 年 6 月第 1 次印刷

中国法制出版社出版

书号 ISBN 978-7-5216-1878-5　　　　定价：49.00 元

北京西单横二条 2 号　邮政编码 100031　　　　传真：010-66031119

网址：http://www.zgfzs.com　　　　**编辑部电话：010-63141825**

市场营销部电话：010-66033393　　　　**邮购部电话：010-66033288**

（如有印装质量问题，请与本社编务印务管理部联系调换。电话：010-66032926）